돈.교과서

당신의 '돈 불안'을 없애드립니다

돈 교과서

초판 1쇄 인쇄 2021년 12월 6일
초판 1쇄 발행 2021년 12월 14일

지은이 김국현

발행인 백유미 조영석

발행처 (주)라온아시아
주소 서울특별시 서초구 효령로 34길 4, 프린스효령빌딩 5F

등록 2016년 7월 5일 제 2016-000141호
전화 070-7600-8230   **팩스** 070-4754-2473

값 16,000원
ISBN 979-11-92072-12-8 (03320)

※ 라온북은 (주)라온아시아의 퍼스널 브랜드입니다.
※ 이 책은 저작권법에 따라 보호받는 저작물이므로 무단전재 및 복제를 금합니다.
※ 잘못된 책은 구입하신 서점에서 바꾸어 드립니다.

라온북은 독자 여러분의 소중한 원고를 기다리고 있습니다. (raonbook@raonasia.co.kr)

돈교과서

김국현 지음

MONEY MONEY

당신의 '돈 불안'을 없애드립니다

MONEY MONEY

RAON
BOOK

세상 모든 질문에 대한
답은, 돈이다

돈을 알면 세상을 안다

세상의 모든 질문에 대한 답은 돈이다. 약간 선을 넘은 이야기일지 모르겠지만 순수과학, 철학과 사랑에도 돈이 중요한 역할을 한다. 순수과학을 연구하고 발전시키는 데는 든든한 지원금이 필요하다. 자본주의 시대에 사람과의 관계와 부의 재분배, 노블리스 오블리제 등에 관한 철학을 얻고 제시하기 위해서는 많은 경험이 필요하고, 이를 위해서는 역시 돈이 든다.

사랑에도 돈이 빠질 수 없다. 사랑하는 사람에게 뭐든지 해주고 싶은 마음은 본능인데 그러려면 돈이 필요하다. 돈이 모든 것을 해결해주지는 않지만 돈이 많은 부분을 해결해주는 것을 부인할 수 없을 것이다.

돈 자체는 나쁘지 않다. 돈을 좋지 않게 벌고 바르지 않게 사용하기 때문에 나쁜 것이다. 돈에 대한 편견을 없애고 다시 돈에 대해 생각하고 잘 알아야 한다. 4차 산업혁명 시대가 오고 있다. 아니, 이미 많은 분야에서 4차 산업혁명이 진행되고 있으며, 우리는 그 한복판에 서 있다. 그리고 살아가는 방식, 부자가 되는 방법, 기본적인 생활방식까지 바뀌고 있다.

40대가 된 지금 많은 변화를 몸소 체험하고 있다. 어린 시절에는 스마트폰이라는 것 자체가 없었지만 지금은 스마트폰을 손에서 놓기 힘들다. 스마트폰은 많은 것을 바꾸어놓았다. 30분 안에 맛집의 음식이 배달되고 달 사진을 찍어 손가락으로 확대해서 볼 수 있다.

시대가 빠르게 변하는 것과 동시에 돈의 개념부터 흐름, 인식 자체도 바뀌고 있다. 시중은행은 창구는 물론이고 지점 개수를 줄이고 있다. 이제 예전과 같은 의미의 오프라인 은행은 점차 사람들 인식 속에서 사라지는 추세다. 은행 관련 업무도 대폭 바뀌어 인터넷 뱅킹, 통합계좌 서비스, 카카오톡 송금 등으로 손쉽게 계좌를 확인하고 거래할 수 있다.

금융자본주의는 더 극대화되어 시대 흐름을 잘 타면 큰돈을 벌 수 있지만 시대 흐름에 뒤처진다면 자칫 평생 큰돈을 벌 수 없는 양극단의 사회가 되었다.

나는 현장의 돈을 본다

나는 세무사라는 직업 특성상 세상의 돈을 현장에서 실시간으로 볼 수 있다. 근로소득자, 프리랜서, 개인사업자, 법인사업자, 외부감사대상 법인사업자 등 여러 사람들의 돈을 계산한다. 음식점 사장, 병의원 원장, 스마트스토어 사장, 제조업 법인대표의 사업도 간접적으로 경험한다. 요즘은 어떤 사업이 잘되는지, 코로나19 시대에 대부분 힘든 가운데서 호황을 누리는 사업이 어떤 것인지 알 수 있다. 나는 숫자로 세상을 설명하고 그릴 수 있다.

세무사라는 직업 덕분에 나는 돈을 항상 생각하고 돈에 대해 누구보다 진심이다. 돈을 많이 접하면서 어떤 사람이 돈을 버는지, 어떻게 돈을 버는지 간접적으로 확인하며 공부한다. 직업적으로 돈을 다루면서 느낀 점은 돈을 많이 버는 사람들은 마인드 자체가 다르다는 것이다. 그들의 공통점은 돈을 모으고 벌고 투자하는 방법에 대해 끊임없이 고민한다는 점이다. 돈에 대해 집중하는 태도, 그것이 평범한 사람과 그들의 가장 큰 차이점이다.

돈에 대한 이야기를 쓰려고 했을 때 주안점을 두고 싶었던 것은 다음 여덟 가지다.

- 부자들의 생각법과 사고방식을 누구보다 잘 알 수 있도록 조언한다.
- 돈에 대한 판단력을 키운다.
- 돈에 대한 계획을 세우고, 돈에 대한 자기만의 냉정한 철학을 정립한다.
- 돈 때문에 생기는 불안감을 덜어준다.
- 목표가 모호한 자기계발 책이 아니라 '돈'이라는 매개체를 이용하여 구체적인 자기계발에 매진하도록 한다.
- 나의 가치를 발견하고 새로운 돈의 파이프라인을 세운다.
- 눈에 보이는 성과를 내고 자산 증식으로 연결한다.
- 자본주의 사회에서 늘 발전할 만한 대상을 찾고자 노력한다.

돈을 벌기 위한 새로운 시각과 전략이 필요하다

지금 대한민국 사회는 상대적 박탈감을 진하게 체험하는 시기다. 지난 몇 년간 한국 사회를 휘감은 단어는 '벼락거지', '부린이', '주린이' 같은 자극적인 단어였다. 벼락부자라는 말은 사라진 지 오래다. 그 자리를 '영끌', '빚투'와 같은 신조어가 대체했다. 그만큼 자산 양극화에 대한 사람들의 불안 심리가 증폭되었다.

지난 몇 년간 부동산 가격이 유례없이 상승하면서 더 이상 성실하게 일하기만 하면 돈을 벌 수 있다고 생각하는 사람은 거의 없다. 예전과 같은 사고방식을 가지고 있다면 자칫 시대의 변화를 감지하지 못하는 안이한 사람으로 취급받을 정도로 인플레이션은 가속화되고 자산 격차는 점점 벌어지고 있다.

성실하게 일하는 많은 사람들은 '아무리 벌어도 집 한 채 가진 사람을 못 쫓아간다'고 말한다. 2021년을 기준으로 서울 아파트 중위 가격이 10억 원을 넘었다고 하니 놀라울 따름이다. 서울뿐만 아니라 수도권, 세종, 부산, 대구 등 지방 도시의 주택 가격도 가파르게 상승했다.

전국 대도시의 어느 지역이든 근로소득으로 벌어들인 수입보다 집값 상승이 월등히 컸다. 반면 집을 가지지 못한 사람들은 상대적인 박탈감을 느끼게 되었다. 이제 노동소득 증가보다 자산 가치 증가 속도가 훨씬 더 빠르다는 것을 체감하는 시대가 되었다.

자본소득의 증가 속도가 가파른 시대에 성실하게 일하면 부자가 된다는 말이 더 이상 통하지 않을지 모른다. 이제 성실하게 일한다고 돈을 모을 수 있는 시대가 아니다. 취직해서 열심히 벌면 반지하 단칸방에서 시작해 20평, 30평대 아파트로 이사 가는 것이 많은 사람들의 희망이자 길이었다. 쉽지는 않아도 노력하면 달성 가능한 목표였다. 하지만 이제 평생 집 한 채 사는 것조차 기대할 수 없게 됐다.

부모님 세대의 경제성장률은 8~10%였다. 불과 20년 전인 2000년만 하더라도 8.9%였다. 월급을 받으면 은행 적금을 드는 것이 돈을 불리는 수단이었다. 1980년대 은행의 정기예금은 15%였고, 2000년까지만 해도 5% 전후였다. 반면 인플레이션율은 4~5% 수준이었다. 은행에 돈을 맡겨두기만 해도 재산이 늘어났다. 힘들게 투자 공부를 할 필요 없이 돈이 자동으로 돈을 불려줬다. 경제가 고도로 성장하던 시기에는 투자에 대한 생각이 크지 않았다. 회사에서 성실하게 일하면 승진도 하고 정년도 보장되었기 때문이다.

그러나 불과 20년 만에 경제성장률 2%를 달성하기 어려운 시대가 되었다. 은행의 정기예금은 1%대이고 더 낮아질 전망이다. 저노동 시대에 경기 침체를 막기 위해 저금리 기조를 유지할 수밖에 없다. 돈을 벌려면 우선 취직을 해야 하는데 그것조차 힘든 세상이다. 대기업들은 공채를 없애고 경력직 위주로 채용한다. 그마저도 취업할 수 있는 자리가 많지 않다. 내 열정을 불태워 열심히 일하려고 해도 취업이 갈수록 어려워지는 것이 현실이다. 취업에 성공했다 하더라도 정년이 보장되지 않는다.

세상은 공평하지 않다. 지금의 20대, 30대는 부모의 도움 없이 돈을 벌기 힘든 것이 사실이다. 노후자금까지 아이에게 투자해야 하는 부모는 또 그 나름대로 힘들다.

근로소득을 저축해서 노후를 보장할 수 있는 시대는 더 이상 오지 않는다. 따라서 돈을 벌기 위한 새로운 시각과 전략이 필요하다.

희망적인 시그널

그렇다고 지금 시대가 마냥 우울한 것만은 아니다. 돈이 갖고 있는 힘은 강하다. 돈을 번다는 것 자체만으로도 미래를 계획하고 희망을 찾을 수 있다. 우리가 생각지 못한 사업을 통해 돈을 많이 번 사례는 너무 많다. 마켓컬리, 배달의민족, 야놀자 등 최근 몇 년 사이에 생겨난 유망 회사들이 많다. 사실 이런 회사들은 최근 생겨났고 큰 부자가 되었다. 또한 10년 전만 해도 해외주식 투자는 부자들만의 투자처였지만 지금은 누구나 할 수 있다. 코로나19 시대를 겪으면서 재택근무, 원격회의 등 미래를 앞당기는 새로운 사업의 계기도 마련되었다.

최근 IT, 제약 분야에서 떠오른 신흥 부자들 중에 적지 않은 사람들이 자수성가형이다. 이들은 기술 개발과 차별화된 콘텐츠를 무기로 자본 투자를 받아 성공했다. 한국의 부자 50인 중 20명 정도가 자수성가로 부자가 되었다. 김정주 넥슨 회장, 권혁빈 스마일게이트 회장, 김범수 카카오 의장 등이다. 조금 생소한 김정웅 GP클럽 대표는 마스크팩으로 중국에서 큰 성공을 거둬 2019년 기준 1조 원이 넘는 재산을 보유하고 있다.

자수성가형 부자가 예전에 비해 줄어들지 않은 것을 보면 '노력하면 돈을 벌 수 있다'는 가장 기본적인 명제는 바뀌지 않았다는 것을 알 수 있다. 주어진 환경에서 노력하고 새로운 환경을 창조한다면 충분히 부자가 될 수 있다. 다만 돈을 벌기 위해 어떻게 해야 하는지, 얼마의 시간이 걸리는지 알 수 없을 뿐이다. 다행스러운 것은 대부분의 부자들은 많은 실패를 경험했고 그것을 이겨내서 성공했다는 것이다. 우리도 그들처럼 시도한다면 실패를 발판 삼아 큰 성공을 거둘 수 있다.

'노력하면 돈을 벌 수 있다!'

세상과 시대가 아무리 바뀌어도 위와 같은 기본 명제를 잊지 않는다면 목표를 달성할 수 있다고 확신한다. 돈에 집중한다면 돈 때문에 불안하지 않는 삶을 살며, 어떤 상황에서도 흔들리지 않는 무적이 될 수 있다. 나를 알고 돈을 알고 노력하는 한 돈이 우리를 배신하는 일은 없다.

　모두의 고군분투를 빈다.

김숙현

1장

돈 불안, 어디에서 오는가

2장

당신은 돈을 어떻게 생각하는가

3장

돈 벌고 돈 모으기

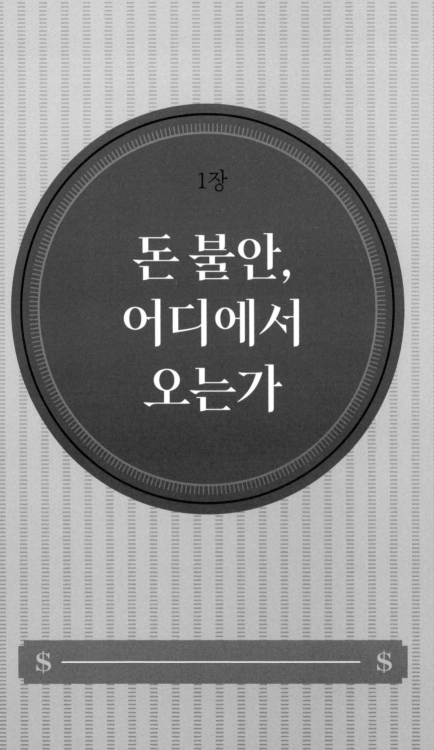

1장

돈 불안,
어디에서
오는가

$ —————————————— $

우리는 왜 돈 앞에서
불안하기만 할까

경험해보지 못한 새로운 돈의 시대가 닥쳤다

예전만 해도 돈을 모으는 방법은 성실하게 벌어서 적금을 드는 게 '정답'이었다. 공부를 열심히 해서 좋은 대학을 가고 좋은 직장에 들어가기만 하면 남부럽지 않은 생활을 할 수 있었다. 시간이 오래 걸려 쉽진 않겠지만 차곡차곡 돈을 모은다면 반지하에서 지상으로, 그리고 소형 아파트에서 중형 아파트로 점점 자산을 늘려나갈 수 있다는 희망과 꿈을 꿀 수 있었다. 그러나 2000년대에 들어오고 20여 년이 흐른 지금, 돈을 차곡차곡 모아서 자산을 증식할 수 있다고 생각하는 사람은 거의 없다. 과거와 같이 저축이 대세인 시대는 아마 앞으로 더 이상 오지 않을 것이다.

자산의 증가 속도가 근로소득이 오르는 속도를 훨씬 넘어섰다.

언제부터인지도 알 수 없다. 그런데 예전의 방법이 통하지 않는다는 것을 알면서도 우리는 예전처럼 열심히 돈을 벌고 또 열심히 돈을 모으고 있다. 또는 돈을 벌고 모을 수 있는 방법이 없다고 생각하고 반대로 한탕을 노린다. 묻지마 주식투자, 가상화폐 투자를 통해 단번에 부자가 되려고 한다.

우리는 왜 돈 앞에서 불안할까? 부동산 가격은 계속 오르는데 마음이 조급하고 돈을 벌 수 있는 방법을 찾지 못해서일 것이다. 근로소득의 증가 속도가 자산소득의 증가 속도를 따라갈 수 없다는 것을 처절하게 경험했다. 그렇다면 포기해야 할까? 어떻게 해야 할까? 바로 '돈에 대한 생각'부터 바꿔야 한다.

우리는 돈에 대해 잘 모르고 있다. 돈을 찾아다니지 않는 한 돈에 대해 알 수 있는 것은 지극히 일부분일 뿐이다. 내가 돈에 대해 궁금해하지 않고 의식적으로 보려고 하지 않으면 돈에 대해 알 수 없다. 돈을 잘 버는 사람들은 어떻게 돈을 버는지 알아봐야 한다. 친구들은 무슨 사업을 하는지, 직원은 몇 명인지, 나도 돈을 벌 수 있는지 고민해봐야 한다. 친구가 알려준 주식은 어떤 종목인지, 어떻게 부동산을 샀는지 알아야 한다. 돈을 버는 것에만 그치지 말고 돈에 대해 고민하고 돈을 벌어서 내 손 위에 올려놓아야 한다.

취직도 어려운 세상에 좋은 직장에서 돈을 성실히 모으는 것만 해도 대단하다. 그런데 성실한 사람들은 자산 가격의 급격한 증가를 따라가지 못해 상대적 박탈감을 느낀다. 새로운 돈의 시대를 이겨내려면 돈에 대한 새로운 시각과 전략이 필요하다.

부유하면 인정이 넘치고 가난하면 궁색해진다

중국 전국시대 낙양 출신 소진은 제후에게 발탁되어 출세할 목적으로 여러 나라를 돌아다녔다. 하지만 성과를 얻지 못하고 다시 고향 집으로 돌아왔다. 거지꼴을 하고 돌아온 소진의 모습을 보고 형과 형수, 누이는 물론이고 아내까지도 희롱하고 비웃었다.

"농사를 짓거나 장사에 힘써서 돈을 얻고 생계를 도모하는 것이 사람의 의무인데 본업을 돌보지 않은 채 입과 혀만 가지고 먹고살려고 하니 가난하고 궁핍한 처지를 모면하지 못하는 것이 당연하지 않느냐?"

소진은 부끄러운 마음에 1년간 상대방의 심리를 포착하는 비법을 터득하고 다시 자신을 중용할 제후를 찾아 여러 나라를 돌아다녔다. 당시 중국은 7제후국 가운데 진나라가 최강대국이었다. 소진은 진나라의 위협으로 어려움을 겪고 있던 여섯 나라를 찾아가 진나라에 대항하기 위해 6국이 정치, 군사적으로 동맹을 맺어야 한다고 설득했다. 결국 여섯 나라의 제후들이 소진의 뜻에 따랐고 소진은 여섯 나라의 재상을 겸하게 되었다.

가난한 처지에서 한순간 전국시대 권력가로 성공한 소진은 고향인 낙양을 지나가게 되었다. 소진은 다시 형과 형수, 아내를 만났는데 그들은 소진의 얼굴을 쳐다보지도 못했다. 소진이 웃으면서 형과 형수에게 "예전에는 오만하게 대하더니 이제는 공손하게 대하십니까?"라고 하자, 그들은 "소진의 지위가 높고 귀하며 엄청난 재물을 갖고 있다는 사실을 알고 있기 때문입니다"라고 말했다.

이에 소진은 "형제와 친척도 가난하면 업신여기고 부귀해지면 두려워하는데 하물며 나와 아무 연고 없는 사람들이야 더 말할 것이 있겠는가"라고 했다.

사람의 의리는 모두 가난한 곳에서 끊어지고, 세상의 인정은 돈 있는 집으로 향한다. 이것은 요즘 이야기가 아니다. 중국 전국시대 이야기다. 부유하면 인정이 넘치고 가난하면 궁색해진다.

'곳간에서 인심 난다'는 속담이 있다. 내가 넉넉해야 남을 도울 수 있다는 뜻이다. 인정을 베푸는 데도 돈이 필요하다. 그런데 부자들을 부러워하기만 하고 돈을 많이 벌 생각은 하지 않는다. 어떤 때는 부자들을 욕하고 흉 본다. 부자들의 돈을 뺏을 생각을 하기도 한다. 곳간을 내어주지 않는다고 투덜대기만 한다.

소진의 이야기나 '곳간에서 인심 난다'는 속담이 옛날부터 있었던 것을 보면 어느 시대에나 항상 돈이 옳았다. 다만 그 돈을 나쁘게 쓴 몇몇 사람들과 돈을 둘러싼 싸움에 귀를 기울였을지도 모르겠다. '세 살 버릇이 여든 간다'라는 속담이 있다. 유대인들은 아이들이 어릴 때부터 돈에 대한 사고방식을 교육한다. 우리도 돈에 대한 긍정적인 인식을 가질 필요가 있다.

항상 부자가 될 생각을 해야 한다. 돈에 대한 오픈 마인드가 필요하다. 나는 부자들과 다르고 돈을 많이 벌 수 없다는 생각을 한다면 첫발을 내디딜 수 없다. 나는 머잖아 돈을 많이 벌어서 인정이 넘치는 사람이 될 것이라고 생각해야 한다.

돈도 배우고
공부해야 한다

돈을 벌어야 돈을 모은다

부자는 누구일까? 내 주위의 친한 사람들 중에 떠오르는 부자가 있는지 잠깐 생각해보자. 나는 왜 그 친구를 부자라고 생각할까? 밥을 잘 사서? 좋은 차를 타서? 좋은 곳에 살아서? 좋은 직장에 다녀서? 그런데 진짜 얼마를 버는지, 차는 할부로 샀는지, 집에 대출이 얼마나 있는지는 잘 모른다. 부자는 재산을 얼마 정도 갖고 있어야 한다는 기준이 없다. 단지 나보다 돈도 잘 벌고 잘사는 것 같아서 부러운 마음일 것이다.

부자가 되기 위해서는 얼마가 있어야 할까? 돈을 얼마나 갖고 있어야 부자라고 할 수 있을까?

하나은행에서 매년 발표하는 부자 보고서에서 부자는 금융자산 10억 원 이상 보유한 가구라고 한다. 이런 부자들은 보통 연간 총소득이 2억 원 이상이고 금융자산을 포함해 총자산을 50억 원 이상 보유하고 있다. 부자는 아니지만 부유층의 기준도 정하고 있는데 대중 부유층은 금융자산 1억 원 이상 10억 원 미만의 가구이다. 대중 부유층은 연간 총소득 5천만 원 이상이며 금융자산을 포함하여 총자산 10억 원 미만인 경우가 가장 많다고 한다.

부자 보고서의 부유층과 부자가 되는 기준 금액을 보니 열심히 하면 부유층에 도달할 수 있어 보인다. 몇 년간 모으면 통장에 1억 원 정도는 들어 있을 것 같고 전세금에 차까지 합치면 10억 원 정도는 충분히 벌 수 있을 것 같다. 부자가 되기에는 갈 길이 멀어 보이지만 일단 부유층이 되고 나면 부자로 가는 길이 열린다는 믿음이 생긴다. 그렇다면 부유층이 되고 부자가 되는 방법은 있는 것일까?

가장 쉬운 방법은 부모님에게 재산을 물려받는 것이다. 부모님의 도움을 받으면 어렵지 않게 단번에 부유층이나 부자가 될 수 있다. 그렇지 않다면 맨손으로 시작해서 부자가 되는 방법을 찾아야 한다. 돈을 버는 현실적인 방법은 근로소득을 벌어서 돈을 모으는 것이다. 연봉을 높이고 부수입을 늘려서 총소득 5천만 원 이상을 달성하고 차곡차곡 자산을 모아 10억 원은 어떻게든 만들어볼 수 있을 것이다. 그런데 근로소득만으로 부유층이 되기에는 시간이 너무 많이 걸린다. 그래서 근로소득을 불려서 빨리 부유층이 되고 부자가 되어야 한다.

돈을 알아야 돈이 모인다

부자가 되는 방법을 소개하는 책들은 많다. 실제로 부자가 된 사람들이 자신이 부자가 된 방법과 부자가 될 수 있는 방법 그리고 부자가 되기 위해 갖추어야 할 생활 습관 등을 알려준다. 아침에 일찍 일어나고 열심히 노력하라는 조언을 그대로 따라 하면 누구나 부자가 될 수 있을까? 기본적인 생활 습관도 중요하지만 그것만으로는 부족해 보인다.

부자들은 10번 중 8번은 실패했더라도 1~2번의 성공으로 부자가 된 요인을 찾는다. 기회가 좋아서 또는 운이 좋아서 부자가 됐다고 할 수는 없다. 부자가 된 이유를 회고하듯이 알려주는 이야기는 크게 와 닿지 않는다. 그래서 부자가 되기 위한 기본적인 목표 설정, 불같은 열정 등을 이야기하는 것일 수도 있다.

그런 사람들의 책을 보고 열정에 넘쳐 자기계발을 하고 열심히 실천하고 따라 하지만 현실과 이상의 차이가 너무 크다. 절실한 목표를 세워도 보고 아침 일찍 일어나도 부자가 되는 길이 열리는 것 같지 않다. 그러면 절실하지 않아서 부자가 되지 못한다고 한다. 투자 관련 책들은 해당 기업의 재무제표를 잘 보고 주식투자를 하면 된다고 하고, 경매 공부를 열심히 하면 부동산으로 부자가 된다고 하는데 종잣돈조차 없는 것이 현실이다. 어떻게 하면 하루빨리 10억 원을 모아 부동산 투자를 할지 막막하기만 하다. 열정만으로, 그리고 몇 가지 지식만으로 부자가 되는 것은 아니다. 돈을 많이 벌기 위해서는 부자들이 어떻게 성공했는지 알아야 한다.

우리의 발목을 잡고 있는 것들

돈을 많이 벌어야 하는데 발목을 잡고 있는 것은 무엇일까?

첫 번째는 당장의 생계에 매달려야 하는 상황에서 무엇인가에 새로 도전하고 끈기 있게 노력하기 힘들기 때문이다. 자기계발을 한다는 것은 지금의 생활을 뛰어넘는 무엇인가를 해야 한다는 의미인데 쉽지 않은 일이다.

경험상 큰돈은 서서히 벌리지 않는다. 계단식으로 점프를 해나가면서 돈이 벌린다. 노력이 쌓이고 한계를 넘어서야 실제로 돈이 생긴다. 똑같은 일상을 뛰어넘는 계기가 필요하다. 그런데 일찍 일어나고 공부를 한다고 부자가 되지 않는다. 끈기 있게 꾸준히 자기관리를 하면 부자로 가는 계단이 하나씩 만들어질 것이다. 평소와 다른 습관을 만들고 현재 상황을 뛰어넘는 생활이 필요하다. 책을 많이 읽기로 한다거나 아침 또는 저녁 시간을 활용하는 노력과 습관을 들여야 한다.

두 번째 이유는 돈에 대한 공부를 어떻게 해야 하는지 모르기 때문이다. 사람들은 자신이 돈을 어떻게 생각하고 어떻게 돈을 벌어야 하는지 잘 모른다. 방법을 모르니 돈을 벌 수 없는 것이 당연하다. 자기계발의 최종 목적은 돈을 버는 것이다. 다른 사람에게 존경받기 위해서 자기계발을 하는 것이 아니다. 열심히 살고 습관을 바꾸는 것이 현실적인 돈과 직접 연결되어야 한다.

말하자면 돈은 벌고 싶은데 새롭게 시작하기도 어렵고 어떻게 해야 하는지도 모른다는 것이다. 돈을 벌려면 생활 속의 장애물을 뛰어넘어야 하고 돈을 벌 수 있는 생활 방식이나 습관을 들여야 한다. 돈을 벌기 위해서는 새로운 행동을 해야 한다는 것이다.

지금보다 돈을 더 많이 벌기로 했다면 다니는 회사에서 일을 더 열심히 하고 능력을 인정받아 연봉을 올리거나 돈을 더 많이 주는 회사로 이직해야 한다. 매일 주식을 공부하고 아침 일찍 일어나 주식시장 개장을 준비해야 한다. 부동산에 투자하기로 했다면 부동산을 공부하고 검색하고 임장을 다녀야 한다. 어제와 똑같은 하루를 보내면 돈을 더 벌 수 없다는 사실을 깨달아야 한다.

돈 공부를 해야 돈을 번다

돈을 벌려면 돈 공부를 해야 한다. 지극히 당연한 이 말을 무시하는 사람들이 의외로 많다. 주식으로 돈을 벌기로 했다면 어떻게 주식투자를 해야 하는지 배워야 한다. 주식투자로 성공한 사람들의 이야기를 듣고 주식으로 돈을 벌 수 있는 방법을 찾아야 한다. 주식투자 붐이 일면서 주린이들을 위한 주식투자 관련 책들이 넘쳐났다. 주식투자로 돈을 벌 수 있는 방법도 여러 가지다.

- 좋은 주식을 발굴해서 큰 차익을 실현한다.
- 성장주에 꾸준히 투자한다.
- 재무제표를 알지 못하면 주식투자를 해서는 안 된다.
- 주식이 아닌 기업의 가치를 사야 한다.

- 주식은 투자가 아닌 기업 경영에 참여하는 것이다.

위 내용은 주식투자에 성공한 사람들의 책에 대부분 실린 것들이다. 실제로 이들의 방법을 따라 해보면 돈을 벌 수 있을까? 처음 주식을 시작하면 왠지 나는 다른 사람들과 다를 것 같다. 사고 싶은 주식을 몇 개 검색해보고 주식 차트를 확인한다. 현대자동차를 검색해봤는데 이전 고가보다 떨어진 상태이다. 현대자동차는 수소차와 전기자동차 등으로 미래가 너무 좋아 보인다. 주식투자 시점에 출시된 제네시스는 너무 훌륭해서 주식이 오를 수밖에 없을 것 같다. 10년간 현대자동차를 타고 있는데 너무 만족하고 있다. 그래프를 보니 딱 지금이 매수할 타이밍이다.

이렇게 투자하면 돈을 벌 수 있을까? 주식이 오르고 내리는 영향 중 극히 일부만을 확인하고 투자하는 것이다. 세계 시장에서 현대자동차의 미래 경쟁력, 전기자동차와 앞으로의 경쟁 구도, 반도체 수급 상황, 환율, 공장 인프라 등 수백 가지 요인이 주식을 움직인다. 그리고 종목을 골랐다면 주식에 돈을 어떻게 얼마나 투자할지를 결정해야 한다. 단타를 목적으로 사고 팔지, 1년, 5년, 10년 동안 장기 투자를 할지 결정해야 한다.

성공하는 주식투자자에게 얻은 힌트
꽤 성공한 전업 주식투자자에게 주식으로 돈 버는 사람은 어떤 사람이냐고 물었더니, 기본적으로 다른 사람들과 성격이 다르다고 한다. 주식으로 돈을 벌려면 주식 가격이 떨어질 때 이겨내는 것이 중요한데, 속된 말로 '존버'할 수 있는 능력이 필요하다는 것이다. 굳이 말하자면 주식투자에 관해 소시오패스적인 사람, 일반인은 이해할 수 없는 성격을 갖고 있는 이들이 성공한다고 답했다.

그런데 핵심은 그다음 대답이었다. 주식투자에 맞는 성격을 가지려고 평소에도 노력하며 밤을 새우면서 공부하는 것은 물론이고 성격까지 바꿔가면서 투자에 집중한다는 것이다. 돈을 벌기 위해 제대로 공부하며 주식 1주에 진심을 담고 어떤 주식을 사야 하는지 고민하고 또 고민한다. 이처럼 전업으로 주식투자를 하는 사람들은 단기 투자이든 장기 투자이든 돈을 버는 데 진심이다.

대부분의 사람들은 주식투자로 돈 벌기 쉽지 않다고 한다. 그러나 우선 내가 주식으로 돈을 벌기 위해 진지하게 공부하고 주식투자를 잘할 수 있는 자질을 갖췄는지 판단해보자. 이런 자질은 오랜 공부와 투자 경험으로 만들어진다.

주식을 예로 들었지만 열정만으로 잘되겠지 하는 마음만으로는 돈을 벌 수 없다. 나름대로 돈 공부를 했다고 생각하겠지만 실제로 경험해보면 그렇지 않은 경우가 많다. 설익은 돈 공부는 쓰디쓴 인생의 수업료만 지불할 뿐이다. 제대로 공부하지 않고 시험을 보면 성적이 나오지 않듯이 돈 투자도 마찬가지다. 우리가 부자를 꿈꾸든 아니든 돈 공부를 해야 하는 이유다.

돈 공부는 사람 공부, 심리 공부다

이론을 알면 돈을 벌 수 있을까

"달걀을 한 바구니에 담지 마라." 주식시장에서 오래도록 전해 내려오는 명언이다. 주식이나 자산을 분산투자해서 리스크를 줄이는 '포트폴리오 이론'을 말하는데, 경제학자 해리 마코위츠가 체계화했다. 마코위츠는 더 나아가 자본자산 가격결정 모형(CAPM, Capital Asset Pricing Model)으로 주식이나 채권 등 자본자산의 기대수익률과 위험의 관계를 도출해 노벨경제학상을 수상했다.

자본자산 가격결정 모형은 주식이나 채권의 가격을 측정하는 모델이므로 주식의 미래 현금흐름을 현재 가치로 계산하는 것이다. 그리고 주가가 어떻게 움직이는지 알 수 없으므로 위험을 줄이기 위해 분산투자를 해야 한다는 것이 포트폴리오 이론이다.

미래 가치를 예상할 수 있고 위험도 줄일 수 있으니 포트폴리오 이론과 CAPM을 알면 주식투자로 돈을 벌 수 있을까? 그렇지는 않은 것 같다. 위대한 경제학자가 고안한 자본자산 가격결정 모형으로 미래의 주식 가치를 계산했는데도 돈을 벌 수 없는 이유는 무엇일까? CAPM은 이론적 모델일 뿐이고 여러 가지 가정이 존재하기 때문이다. 더 중요한 이유는 인간의 심리나 행동까지 경제 모형에서 다룰 수 없기 때문에 실제로 주식을 투자해 돈을 버는 데 이 모형을 완벽하게 적용하기가 불가능하다는 것이다.

똑같은 현상을 보더라도 사람마다 주관적 해석이 있을 수밖에 없다. 많은 사람들이 좋은 주식이라 판단하고 매수한다면 주식 가격이 올라가겠지만 그 많은 사람들의 주관적 생각을 예상하려면 많은 공부가 필요하다. 개개인의 주관적 생각을 재무관리 모형에 모두 담을 수는 없다.

경제학자들이 모두 주식 부자가 아닌 이유

주식에 관한 이론이 실제로도 잘 들어맞는다면 경제학자와 경제학 교수들은 모두 주식 부자가 되어야 한다. 돈을 공부한다는 것은 경제학이나 금융수학, 수학을 공부하는 것이 아니다. 돈을 어떻게 벌 수 있는지를 공부하는 것은 사회과학이고 탐구에 가깝다.

또한 돈 공부에서 더 중요한 요소는 사람들의 심리다. 이것은 부동산 시장을 생각하면 쉽다. 부동산은 매수자와 매도자의 심리가 가격을 결정하는 시장이다. 부동산 경기에 따라 매수자 우위 시장, 매도자 우위 시장이라고 한다. 매수자 우위 시장은 매물이 많아서 집값이 떨어지는 시기고, 반대로 매도자 우위 시장은 부동산 가격이 상승해 매물이 별로 없는 시기다. 최근 몇 년간 매도자 우위를 형성하고 있는 한국의 부동산 시장을 보면 사람들의 심리를 알 수 있다.

2020년부터 2021년까지 정부는 매도자 우위 시장을 잠재우기 위해 치솟는 아파트 가격을 잡으려고 20번이 넘는 규제정책을 내놓았다. 그러나 시장의 반응은 거꾸로 나타났다. 정부의 규제정책이 나오기 전에 부동산을 빨리 사야 한다는 매수자들의 불안 심리가 커졌고, 매도자는 규제가 생기면 부동산 가격이 오를 수도 있다는 생각을 하게 됐다. 반복적으로 부동산 가격이 오르자 상승 기대 심리가 시장에 반영되어 매수 심리에 더 불을 지폈던 것이다(나는 세무사로서 세금으로 부동산 가격을 조정하는 것에 회의적이다. 그리고 부동산 가격을 결정하는 중요한 기준은 수요와 공급이라고 생각한다. 세금은 부동산의 수요를 줄일 수 있는 여러 가지 원인 중 하나일 뿐이다).

주식도 심리 싸움인 것은 마찬가지다. 재무제표상 어떤 회사는 매출이 없음에도 불구하고 주식 가격이 계속 상승한다. 쿠팡은 아직 흑자를 낸 적이 없는데도 미국 주식시장에 상장해 55조 원의 가치를 인정받았다. 재무제표를 아무리 살펴봐도 사람들이 생각하는 미래가치는 반영되어 있지 않다. 재무제표를 분석하면 과거와 현재의 매출이나 손익의 추이는 알 수 있어도 미래에 대한 사람들의 심리나 생각을 알 수 없다. 쿠팡이 미국시장에 상장하면서 55조 원의 가치를 인정받은 것은 현재 재무제표가 아니라 앞으로 회사의 발전 가능성이 클 것이라는 많은 사람들의 기대가 현재 주식 가치에 반영되어 있는 것이다. 앞으로 상승 가능성이 클 것이라는 기대가 주식 가치에 반영되는 것이다.

경제에 관한 기본 상식을 바탕으로 사람들의 심리를 공부해야한다. 그래서 돈 공부는 '경제+심리'를 동시에 알아야 하는 복합적인 것이다. 실용 학습이자 경험 학습인 것이다. 돈을 안다는 것은 사람들의 생각을 파악하는 것이고, 돈의 움직임을 따라가는 사람들의 심리를 추적하는 일이다. 기본적인 경제, 금융 공부를 기초로 어떻게 돈을 벌 것인가에 대해 주관적으로 체계를 만들어간다면 돈이 흐르는 길을 알 수 있을 것이다.

집중하고 노력해야 한다

부자들이 부자가 된 이유 중에 하나로 일에 대한 집중을 꼽는다. 워런 버핏, 빌 게이츠, 일론 머스크 모두 일에 대한 집중을 성공 요인 일순위로 꼽았다. 남들보다 돈을 더 벌고 싶은 마음과 열정을 갖고 있다면 집중할 준비가 되어 있는 것이다.

하지만 앞에서 말한 것처럼 열정을 따르기 전에 먼저 해야 할일은 돈 버는 방법을 찾고 그것에 집중하는 것이다. 내가 잘하는일을 찾아 꾸준히 연습해서 그 일에 굉장히 뛰어난 사람이 되는 것이다. 이 과정에서 돈 공부는 필수다.

1만 시간의 법칙은 어떤 분야의 전문가가 되기 위해 최소한 1만 시간의 훈련이 필요하다는 의미다. 하루 3시간 연습을 한다면 10년의 시간이 필요하고, 6시간 연습을 한다면 5년의 시간이 필요하다. 10년이 길다면 매일 연습 시간을 늘릴 수밖에 없다.

경력직이라고 하면 최소 3년 정도는 한 분야에서 일해야 한다. 열심히 일했다면 어느새 1만 시간이 흘렀을 것이다. 예술 분야나 체육은 타고난 재능이 필요하지만 돈을 버는 것에는 타고난 재능이나 세계 1등이 될 필요도 없다. 돈을 버는 데 집중하고 꾸준히 노력하면 충분히 부자가 될 수 있다.

사실 우리는 업무 능력을 기르거나 인간관계를 넓히고 싶지만 시간 날 때마다 스마트폰 화면만 들여다본다. 회사 업무 시간 중에도 커피를 마시고, 메신저로 이야기하고 SNS에 업로드를 하느라 집중해서 일하는 사람들이 많지 않다. 미래를 위한 자기계발의 필요성을 알고 있지만 실행으로 옮기지 않는다.

다시 한 번 돈을 버는 데 진지하게 집중하고 노력하는지 되돌아봐야 한다. 내가 잘할 수 있는 것에 집중하고 몰입해야 한다. 돌이켜보면 내가 세무사 시험에 합격할 수 있었던 것은 머리가 좋아서가 아니다. 1만 시간의 노력과 시험 전 몇 개월 동안의 집중과 몰입이었다.

돈을 벌고 싶다면 돈을 버는 데 집중하고 노력하라. 이것만이 간단하고도 유일한 길이다.

부자들은 늘 새로운 궁리를 한다

부자들은 항상 돈 버는 방법을 생각한다. 어떻게 부자가 됐는지는 저마다 다르지만 항상 돈을 어떻게 벌지를 고민하고 거기에 집중한다.

식자재를 유통하는 거래처 사장이 있다. 새우와 우동을 주로 판매하는데 냉동식품의 특성상 보관과 취급이 아주 중요하다. 더욱이 수입을 해서 국내에 유통하기 때문에 취급이 상당히 까다롭다. 주위에서 보면 대기업에 납품하니 수익도 좋고 탄탄하다고 생각할 것이다. 대기업과 거래한 지도 10년 이상 되어 대금결제도 빠르고 매월 공급이 일정한 편이다.

하지만 이 회사 대표는 대기업 이외에 다른 경로를 꾸준히 발굴한다. 꼬치를 개발해서 고속도로 휴게소에 납품하기도 한다. 대기업이 원하는 상품만 취급하는 것이 아니라 상품의 종류도 늘려간다. 그리고 대기업뿐만 아니라 새로운 거래선을 함께 늘리는 노력을 하고 있다. 늘 돈을 벌 새로운 궁리를 하는 것이다. 상품 개발이나 새로운 거래선을 늘리기 위해서는 당장 비용도 만만치 않게 들어간다. 대기업 매출만으로도 안정적으로 사업할 수 있는데도 새로운 상품과 거래선을 끊임없이 발굴한다.

이런 집중력과 노력 덕분에 회사의 매출은 10년간 계속 성장하고 있다. 10년 사이 중국의 사드 문제, 코로나19 팬데믹 등 고비가 있었지만 이 회사는 꾸준히 돈 버는 데 집중하고 노력한 결과 매출이 2~3배 성장했다. 다만 이 회사의 대표에게는 원칙이 하나 있다. 돈 벌 거리를 항상 고민하지만 잘 알지 못하는 곳에는 눈길을 돌리지 않는다는 점이다. 식자재 회사는 보통 음식점까지 운영하는 경우가 많다. 좋은 식재료를 쉽게 확보할 수 있기 때문이다. 하지만 대표는 식자재 유통과 외식업은 다르다는 것을 누구보다 잘 알고 있기에 음식점 운영을 직접 하지 않는다.

이분을 볼 때마다 나는 사장들이란, 그리고 부자들이란 늘 새로운 돈 벌 궁리를 하는 사람들임을 새삼 깨닫는다. 그들은 한곳에 집중해서 공부하는 것을 게을리하지 않는다. 대기업에 납품하니까 계속 잘될 거라는 안일함에 빠져 있지 않고 매출이 늘어날 때도 관련 분야에 투자해서 결실을 얻어낸다. 이것이 꾸준한 매출 상승과 성장으로 이끄는 기본 동력이다.

마음의 여유가 있는 삶을 사는 사람이 '찐'부자

부자의 조건

부자는 돈이 많은 사람이 아니다. 언제든 하고 싶은 일을 하고 여유 있는 삶을 누리는 사람이 부자다. 대부분의 사람들이 일하지 않아도 풍족한 현금흐름을 가지고 여유 있는 삶을 사는 것이 최종 목표일 것이다. 자산이 많아야 부자인 것이 아니다. 매월 사용할 수 있는 생활비와 그 이상의 돈의 흐름을 갖고 있는 사람이 진정한 부자이다. 자산은 내가 얼마를 쓸 수 있는지에 대한 간접적인 척도는 될 수 있다. 하지만 진정한 부자의 기준은 매달 얼마를 쓸 수 있고 얼마나 여유가 있느냐이다.

부자가 되기 위해서는 돈이 얼마나 있어야 하는지는 각자 정해야 한다. 2021년 8월 정부가 발표한 4인 가족의 중위소득은 약 487만 원, 3인 가족은 약 398만 원이었다. 그렇다면 4인 가족이 매월 생활비 400만 원으로 풍족하게 살 수 있을까? 정부 발표로 볼 때 여유가 있을 것 같지는 않다.

매달 걱정 없이 쓸 수 있는 돈이 얼마면 좋을지 먼저 정해보자. 상상만 해도 좋다. 월 1천만 원 이상 쓸 돈이 있다면 진짜 부자라고 할 수 있을 것이다. 월 2천만 원이면 더 좋다. 내가 만족할 만큼 돈을 쓸 수 있는 삶을 만드는 것이 돈을 버는 최종 목표인 것이다.

부자의 계획

목표를 세웠다면 어떻게 이룰지 구체적인 계획을 세우고 단계별로 노력해야 한다. 돈을 모으는 시작 단계는 근로소득이다. 취업 자체가 힘든 저고용 시대이지만 좀 적더라도 우선 근로소득을 만드는 것이 중요하다. 적게나마 돈을 벌어야 돈을 불릴 수 있기 때문이다.

매월 200만 원 정도의 수입은 돈을 모으고 벌기 위한 좋은 시작이다. 근로소득 대신 사업을 시작해도 된다. 하지만 작은 사업이라도 시작하려면 돈이 있어야 한다. 사회 첫발이 사업이라면 더 많은 노력과 공부가 필요할 것이다. 돈을 버는 첫 단계를 근로소득으로 시작하는 것이 좀 더 쉬운 길이다.

근로소득을 벌기 시작했다면 부자가 되기 위한 첫 단계를 넘어선 것이다. 회사를 다니면서 꼭 해야 할 것이 있다. 돈 모으기다. 월급의 일정 부분은 무조건 모아야 한다. 월급의 70%를 모으면 좋겠지만 비율보다는 금액으로 접근해야 한다. 결혼 전이라면 100만 원, 결혼 후라면 150만 원을 제외한 나머지를 모아야 한다. 사회 초년생은 월급이 200만 원이라면 100만 원을 지출하고도 매달 100만 원 정도 모을 수 있다. 100만 원보다 더 많이 모을수록 다음 단계로 발전할 기회가 빨리 오고 시간도 빨라진다.

돈을 벌기 시작하면서 소비에 대한 철학과 수준을 정해야 한다. 저축은 투자의 역할을 하지 못하니 돈을 담아두는 상자로 생각해야 한다. 돈을 안전장치저축, 투자저축, 소비저축 계좌로 나누고 체크카드를 쓰면서 소비를 줄이고 돈을 모아야 한다.

회사에 다니면서 해야 할 두 번째 일은 투자 또는 사업을 준비하는 것이다. 투자는 무조건 해야 하지만 사업을 할지는 선택이다. 다만 회사를 다니면서 사업 준비가 가능하다면 사업을 하는 것이 좋다. 해외영업, 유통, IT 관련 회사를 다니면서 사업을 준비할 수 있는 분야가 있다. 근로소득을 벌면 고정 수입이 들어온다는 것이 가장 큰 장점이지만 큰돈을 벌기는 쉽지 않다. 리스크는 더 크지만 사업에 성공한다면 근로소득보다 훨씬 더 많은 수입을 얻을 수 있다.

하이 리스크, 하이 리턴은 진리다

큰돈을 버는 진리는 하이 리스크 하이 리턴(high risk high return)이다. 다만 리스크를 어떻게 관리하느냐가 관건이다. 회사 일과 연관

된 사업 준비를 하는 것이 시간을 줄이는 방법이다. 1만 시간의 법칙을 참고하면 5년 정도 일을 배우고 나서 사업을 한다면 어느 정도 준비할 수 있을 것이다. 5년 동안 일도 배우고 사업을 위한 기반을 다지는 동안 어느새 돈도 꽤 모을 것이다. 매월 100만 원씩 모았다면 6천만 원이라는 큰돈이다. 그사이 연봉이 올랐을 것이고 돈을 모으는 데도 탄력이 붙어서 1억 원 정도는 모을 수 있다.

이것을 종잣돈으로 사업에 도전해보는 것이다. 근로소득으로 충분한 돈을 벌 수 있다면 굳이 사업을 하지 않아도 된다. 모은 돈으로 충분히 투자할 수 있다면 회사에 다니는 것이 사업하는 것보다 좋은 선택이다.

하지만 평균수명이 길어진 요즘 몇 년간의 높은 연소득보다 꾸준히 오래 버는 것이 더 중요하다. 그렇기에 하루라도 빨리 사업에 도전해보는 것이 좋다. 실패하더라도 젊다는 특권이 있으니 말이다.

모은 돈으로 사업을 하고, 다시 모은 돈으로 주식, 부동산 등에 투자해야 한다. 사업에 많은 돈이 들어갔다면 투자를 위해 돈을 다시 모을 시간이 필요할지 모른다. 하지만 사업이 안정된다면 투자를 위한 돈도 금방 쌓인다.

중요한 것은 투자는 근로소득이든 사업소득이든 계속 병행해야 한다는 것이다. 주식투자는 단기, 장기, 비상장주식, 공모주, 국내주식, 해외 주식 등 방법과 대상도 여러 가지다. 부동산 투자에는 주택, 근린상가, 토지, 경매 등이 있다. 주식이든 부동산이든 충분히 공부하려면 시간이 필요하다.

저금리, 인플레이션을 이기는 방법은 투자밖에 없다. 부자들은 현금을 싫어한다. 정확하게 말하면 놀고 있는 현금을 싫어한다. 안정적인 생활을 위한 돈 이외에는 모두 어딘가에 투자하고 있다. 하지만 전 인생, 전 재산을 걸지는 않는다. 투자를 위한 정보를 끊임없이 찾고 돈을 벌기 위해 노력한다.

가치관은 오픈 마인드로

돈을 모으고, 사업하고, 투자를 하면서 돈을 어떻게 모을지, 돈을 어떻게 소비할지에 대한 고민을 끊임없이 해야 한다. 부자들이 왜 부자가 됐는지 궁금해해야 한다. 절약한다고 돈이 모아지지는 않는다. 사람들과의 관계에서 돈은 어떻게 써야 하는지, 요즘에는 사람들이 주로 어떻게 돈을 버는지, 주위 사람들은 돈을 어떻게 버는지 항상 주의를 기울여야 한다.

성공하는 데도, 실패하는 데도 이유가 있다. 무엇이 옳다는 마음가짐보다는 항상 오픈마인드를 가져야 한다. 그리고 주저하지 말고 실천해야 한다. 우리가 하지 않는 일들은 돈이 없거나 시간이 없어서 못 하는 것들이 아니다. 못 하는 것이 아니라 하지 않는 것이다. 성공한 사람들은 실패를 이겨내고 10번 시도해서 1~2번의 큰 성공으로 부자가 되었다. 우리는 분명 많은 돈을 벌고 여유 있는 부자가 될 수 있다.

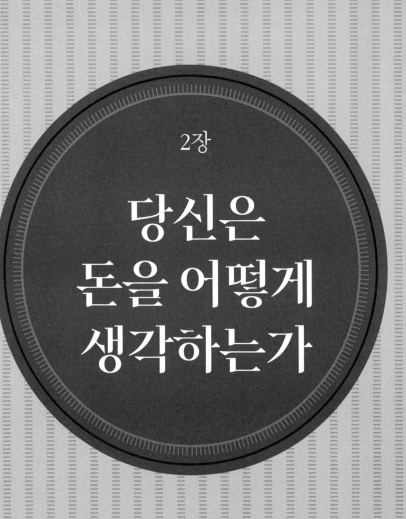

2장

당신은
돈을 어떻게
생각하는가

$ ——————————————— $

나에게 돈이란
무엇인가

돈은 행복의 충분조건이다

돈은 삶의 많은 것들을 바꾼다. 기본적인 의식주부터 인맥, 교육환경, 심지어 전통 있는 가문으로 만들어주기도 한다. 돈으로 인생의 모든 것을 해결할 수는 없고, 돈이 인생의 전부가 아닌 것은 분명하다. 하지만 살아가는 데 돈이 매번 걸림돌이 된다면 행복하지 않을 것이다. 건강을 돈으로 살 수는 없지만 돈이 있으면 좋은 의료 서비스에 최첨단 수술을 받을 수 있다. 돈이 있으면 마음의 여유가 생겨서 가족 간에 불화가 생길 염려도 적어진다. 지갑에 돈이 두둑이 있으면 자신감이 생기고 자존감이 올라간다. 인생의 여러 가지 기회와 가능성도 돈이 있어야 누릴 수 있다.

돈은 행복의 필요조건이 아니라 충분조건이다. 살아가는 데 없어서는 안 될 기본적인 것들을 충족하는 것이 돈이다. 돈이 있어야 가족들이 함께 모여 살 수 있다. 최소한의 생활을 충족하려면 돈이 필요하다. 행복의 충분조건을 만족하는 돈의 크기는 개인마다 차이는 있겠지만 대부분의 사람들은 충분조건을 채우기도 힘든 것이 사실이다. 돈이 얼마나 있어야 부족함을 느끼지 않을지는 알 수 없다. 10억 원이 있어야 행복한지, 100억 원이 있어야 행복한지 가늠이 되지 않는다. 100억 원이 있으면 행복의 충분조건이 채워졌다고 돈 벌기를 멈추지는 않을 것 같다. 바꿔 말하면 행복을 위한 돈의 충분조건은 결코 채워지지 않는다는 것이다.

돈에 대한 생각을 바꾸자

최근 화두가 되고 있는 것이 경제적 자유이다. 파이어(FIRE)족은 경제적 자립, 조기 은퇴를 뜻하는 신조어다. 'Financial Independence Retire Early'의 머리글자를 딴 것으로 1990년대 미국에서 처음 등장했다. 기성세대는 직장 생활에서 인정받는 것을 사회적 가치로 여겼지만 지금은 돈을 벌어 남들보다 빨리 은퇴하는 것이 사회적 가치가 되었다. 파이어족이 되기 위해 결혼도 하지 않는다는 사람들이 있다.

파이어족이 되려면 일하지 않고도 매월 생활할 수 있어야 하는데 얼마가 필요할까? 어떤 책에서는 5억 원을 모았고 결혼 생각이 전혀 없으니 파이어족이 되었다고 선언했다고 한다. 월 200만 원 남짓이니 혼자 살아가기에 충분하다고 생각하는 듯하다. 개인적으로 파이어족이 되기에 좀 적어 보이지만 경제적 자유는 주관적인 것이다.

10억 원은 어떨까? 서울 집값 중위 가격이 10억 원이 넘는다. 10억 원을 갖고 있더라도 파이어족이 되기 위해서는 서울에 사는 것을 포기해야 한다. 집을 사고도 여유가 있어야 하기 때문이다. 집을 사지 않는다면 충분할까? 한 가정의 생활비가 최소 400만 원 정도라고 한다. 10억 원의 연 3% 수익률을 12개월로 나누면 한 달에 250만 원이 된다. 이 금액은 최소 생활비인 400만 원에 미치지 못하므로 10억 원이 있어도 파이어족이 될 수 없다. 10억 원을 갖고 있어도 연 3% 이상 수익을 내야 한다. 요즘은 임대수입도 3% 정도면 좋은 것이 현실이다. 파이어족이 10억 원으로 경제적 자유를 얻으려면 공격적인 투자를 해서 연 7% 이상의 수익을 얻어야 하는데 이런 수익률은 리스크가 큰 투자처일 확률이 높으므로 바람직한 파이어족의 생활은 아닌 셈이다. 결국 10억 원으로는 풍족한 경제적 자유를 보장받지 못한다는 이야기다.

현실적으로 넉넉한 돈을 갖고 은퇴하려면 20억 원 이상은 있어야 한다. 그리고 매월 생활하는 데 부족함이 없으려면 400만 원 정도의 수입이 필요하다. 일하지 않고 400만 원을 만들 수 있을까? 매달 받는 월급이 참 소중하다는 생각이 들기도 한다. 바꿔 말해 월급 250만 원씩 받는다면 10억 원 정도의 자산을 갖고 있는 것과 비슷한 셈이다.

돈을 많이 벌어 빨리 부담을 덜고 싶다면 먼저 돈에 대한 생각부터 바꿔야 한다. 정년이 짧아진 시대에 매월 고정 수입을 얻기 위해 노력해야 한다. 은퇴를 하고 연금만으로 파이어족이 되기는 불가능하기 때문이다. 그래서 삶의 목표를 직장에서의 승진이 아니라 경제적 자유, 파이어족으로 정해야 한다.

첫 직장에서 첫 월급을 받는 순간부터 회사를 나온 이후에도 계속 돈이 생기는 구조를 만들어야 한다. 일하지 않고 벌 수 있는 수입을 만들어야 한다. 10년 후 회사를 그만둔다면 10년 안에 10억 원의 자산에서 3% 이상의 수익을 얻을 수 있는 무언가를 만들어야 한다. 돈에 대한 새로운 관점을 가지면 돈에 대해 훨씬 진심으로 다가갈 수 있다.

돈에 대해 진심을 보여야 한다

돈에 대해 진심으로 다가가기 위해서는 먼저 돈에 대한 자신의 '본심'이 무엇인지부터 살펴야 한다. 무의식적으로 나는 돈을 어떻게 생각하는지 알아야 한다. 돈에 대한 잠재적인 생각이 우리의 태도를 좌우한다. 다음은 돈에 대한 진심도를 알아볼 수 있는 테스트 열 가지다.

돈에 대한 진심도 테스트 10

- 돈이 많으면 성격이 좋아진다.
- 돈은 많을수록 무조건 좋다.

- 나도 노력하면 돈을 많이 벌어서 부자가 될 수 있다.
- 지금 생활에 부족함은 없지만 돈이 더 많으면 좋겠다.
- 성공했다는 것은 돈을 많이 번다는 의미다.
- 돈이 많으면 좋은 일만 생길 것 같다.
- 일은 하기 싫지만 돈은 많으면 좋겠다.
- 돈이 전부는 아니지만 돈이 없으면 할 수 있는 게 없다.
- 돈으로 행복을 살 수 있다.
- 돈으로 건강도 살 수 있다.

나는 어떤 말에 동의하는지 체크해보자. 9개 이상 동의한다면 돈을 상당히 좋아하는 편이다. 5~8개라면 돈을 좋아하지만 돈을 많이 벌 수 있을지 스스로 의심하고 있는 것이다. 4개 이하라면 돈이 많지 않은 이유를 내가 아닌 다른 데서 찾고 돈을 크게 벌 생각이 없는 상태이다. 대부분 5~8개 정도는 동의할 텐데 은연중에 내가 돈을 많이 벌 수 있을까 하는 의구심을 가지고 있지 않은지 생각해볼 필요가 있다.

돈에 대한 내 잠재의식이 어떤지 알고 나면 돈을 대하는 자세가 달라진다. 돈을 좋아하는 사람인지, 돈을 버는 것이 두려운지, 돈을 좋지 않게 생각하는지 알 수 있다. 돈이 많은 것이 걱정된다면 그런 생각부터 없애야 한다. 그래야 돈을 벌 수 있는 힘이 생기기 때문이다. '돈을 많이 버는 게 걱정인 사람이 어딨어?' 하고 생각하지만 돈을 버는 것에 적극적이지 않은 사람은 생각보다 많다.

돈을 많이 벌고 싶은 이유는 소유욕 때문이다. 소유하고 싶은 욕망은 본능이므로 부끄러운 것이 아니다. 돈에 대한 욕구가 돈을 벌 수 있는 원동력이 된다. 한마디로 돈 자체에 꽂혀야 한다.

내가 돈을 얼마나 갖고 싶은지 알아야 돈을 벌 힘이 생긴다. 얼마의 돈을 갖고 싶은지 숫자로 표현할 수 있어야 한다. "나는 10년 안에 100억 원을 모으면 좋겠어!"라고 솔직하게 이야기한다. 돈은 적당히 있어도 된다고 생각하는 사람은 현재 월급이나 앞으로 조금만 더 열심히 하면 벌어들일 수 있는 정도로 만족할 수 있다. 연소득 5천만 원을 벌고 있다면 통장에 연소득 정도만 있으면 좋겠다고 생각할 수 있다. 그렇다면 시간은 많으니 그다지 열심히 돈을 벌지 않아도 된다. 하지만 현재뿐만 아니라 미래의 돈까지 생각해야 한다. 우리는 나이가 들 것이고 그때까지 쓸 돈을 현재 벌어야 하기 때문이다.

당신에게 돈은 좋은 것인가, 나쁜 것인가

돈, 많으면 좋을까

돈은 좋은 것인가, 나쁜 것인가? 이렇게 질문하면 바로 '돈은 좋다'고 대답할 것이다. 하지만 돈이 너무 많으면 성격이 나빠진다거나 오히려 불행할 수 있으니 적당한 부자가 되고 싶다고 생각을 덧붙인다. 왜 자꾸 이런 생각이 뒤따르는지 모르겠다. 돈을 많이 벌까 봐 걱정되는 것일까? 아니면 돈을 많이 벌 자신이 없어서일 것이다.

돈이 넘쳐난다고 해보자. 매월 300만 원이 아니라 매월 3억 원씩 통장에 들어온다면 좋은 점과 나쁜 점은 무엇일까?

돈이 많아서 좋은 점

• 경제적 자유를 얻어 돈 걱정을 안 하고 살 수 있다. 매월 3억

원의 순수입이 생기면 세금도 기꺼이 낼 것이고 하물며 절세도 필요 없을 것 같다. 세금을 내고 사고 싶은 것을 모두 사고도 남는 돈이다.

- 돈이 돈을 벌 수 있다. 매월 순수입을 몇 년만 모으면 건물 한 채는 거뜬히 살 수 있다.
- 가족들, 주위 사람들에게 베풀면서 살 수 있다. 돈을 모아 가족들에게 집 한 채씩 사줄 수도 있고, 기부를 통해 사회공헌을 할 수도 있다.

돈이 많아서 나쁜 점

- 성격이 나빠지고 태도가 시건방질 것이다. 돈의 위력만 믿고 사람들을 하대하고 조금만 마음에 안 들어도 불평을 늘어놓는, 이른바 갑질 고객이 될 것 같다.
- 가족들 간 불화가 생길지도 모른다. 돈이 많은 나를 시기하고 가족들이 돈을 달라고 성가시게 할 것이다.
- 사기를 당하기 쉬울 것이다. 돈 많은 사람들 주위에 사기꾼들이 모여들듯이 사기를 치려는 사람들에게 시달릴 것 같다.

돈이 넘쳐날 때 좋은 점과 나쁜 점 모두 그럴듯하게 생각되는가? 위에 적은 것들을 가만히 살펴보면 어떤 패턴이 보인다. 돈이 많아서 좋은 점은 자신이 바라던 것이나 소원의 영역이고, 나쁜 점은 부정적이고 자기합리화로 이루어진 편견이라는 점이다. 돈이 많다는 이유 하나로 성격이 안 좋아질 리 있을까? 돈 자체에 옳고 그름의 가치가 없다. 다만 그것을 어떻게 쓰느냐에 따라 가치가 달라질 뿐이다. 돈에 진심을 담고, 돈을 진심으로 대해야 한다는 말의 의미가 여기에 있다. '돈 좋아하십니까?'라는 질문에 '예'라면 돈을 순수하게 좋아하는 것이다. 좋은 것은 많으면 더 좋다.

돈을 많이 벌고 싶은 것은 본능이고 희망이다. 돈이 많아지는 게 걱정이라는 것은 그야말로 세상 쓸데없는 우려다. 알고 보면 그만큼의 돈이 생기는 게 우리의 목적이니까!

돈에 대한 고정관념을 깨야 한다

우리는 돈에 대한 여러 가지 이야기를 들으면서 자란다. 여러 가지 경험을 통해 돈에 대한 생각을 학습하고 배워간다. 돈에 대해 무의식적으로 나름대로의 철학이나 신념이 쌓이는 것이다.

'주식으로 돈을 번 사람을 본 적이 없어. 그러니까 주식은 하면 안 돼.'

'월급은 차곡차곡 적금 들어놓아야 한다. 어려울 때 목돈을 써야 하니까.'

'사업은 하면 안 돼. 잘못하면 패가망신하는 지름길이야.'

이런 말을 들으면서 자랐다면 돈에 대한 방어기제가 생겼을 수 있다. 어린 시절 돈이 좋다고 배워본 적도 없고 돈이 많았던 적도 없다면 돈에 대한 진심이 무엇인지 모를 수 있다. 우리는 학교에서 물욕은 부끄러운 것이라고 배웠다. 물질만능주의자라고 하면 돈만 있으면 아무것도 필요 없다는 뜻인 것 같다. 최영 장군의 "황금 보기를 돌같이 하라"는 교훈을 들어본 적이 있다. 그러나 이 이야기는 과욕을 부리고 남에게 피해를 주면서까지 부를 추구하는 것은 잘못이라는 의미이지, 돈을 좋아하는 마음을 부끄러워하라는 뜻은 아닐 것이다.

주식투자를 해본 경험도 없는데 주식을 하면 안 된다고 원천적으로 돈에 대한 생각을 막아버린다면 돈을 벌 수 있는 경험 자체를 잃어버릴 수 있다. 주식을 공부하고 투자하는 경험을 해보고 돈을 벌 수 있는 방법이 있는지 찾아야 한다. 주식투자에 실패한다고 해도 간접투자 방식을 선택하는 데 도움이 될 것이다. 부모님이 주식투자를 잘못해서 어려운 유년 시절을 보냈다 하더라도 돈에 대한 인식까지 부정적으로 바꿔서는 안 된다. 부모님과 다른 투자 전략을 세우면 된다.

우리는 눈에 보이는 것을 자신의 주관대로 해석한다. 똑같은 일이라도 내 눈에는 그렇게 보이기 때문이다. 돈에 대한 글도 주관적으로 해석해서 새로운 시각으로 볼 수도 있지만 자신이 아는 범위 내에서만 이해하고 넘어가 버릴 수도 있다. 하지만 돈에 대해서는 직설적이고 객관적이어야 한다. 돈은 많을수록 좋은 것이다.

돈에 대해 가장 솔직한 생각은 '돈이 많으면 좋겠다'는 것이다.

그렇다면 돈을 어떻게 많이 벌지를 고민하고 찾아야 한다. 돈에 대한 부정적인 생각은 가난한 사람들의 간언이었거나 선입관일 확률이 크다. 돈에 대한 선입관과 부정적 경험을 분리하여 돈에 대한 부정적 생각을 버리고 돈이 많으면 좋겠다는 진심을 끌어내야 한다.

성공한 사람들의 이야기를 들어라

돈에 대해 부정적으로 생각한다면 가난한 사람들의 충고를 들었을 확률이 높다. 충고하는 사람들은 대부분 주관적인 경험을 토대로 한다. 가난한 사람들이라면 정당화를 위한 충고였을 가능성이 있다. 사업은 위험하니까 하면 안 된다고 충고한다면 사업을 설익게 해서 망해본 경험이 있을 가능성이 크다.

성공한 사람들의 충고는 정반대이다. 사업으로 성공한 사람들은 하루라도 빨리 사업을 하라고 충고한다. 유명 유튜버 신사임당은 '단군 이래 사업하기 가장 좋은 시대에 살고 있다'고 한다. 하물며 요즘은 성공한 사람들이 자신이 어떻게 성공했는지 유튜브나 SNS에 모두 공유한다. 주식에 성공한 사람들은 주식투자 방법을 알려준다. 돈을 벌고 사업에 성공한 사람들에게는 모두 배울 점이 있다. 최소한 사업을 시작하기 위해 자본과 시간뿐만 아니라 용기와 리스크까지 책임진 경험과 노하우가 있기 때문이다. 그런 성공담을 쉽게 찾아볼 수 있다.

마이크로소프트 창업자 빌 게이츠는 투자에 관해서는 워런 버핏의 충고를 즐겨 듣는다고 한다. 세계에서 손꼽히는 부자들도 서로에게 충고를 듣는다. 실제로 성공한 사람들 중에 성공한 사람의 충고를 듣고 새로운 시각으로 돈을 더 많이 버는 경우가 많다.

성공한 사람들의 이야기를 듣고 배워보자. 수석 합격이나 최연소 합격한 사람들이 공유하는 공부 방법과 시간 관리 등을 자기의 스타일에 맞게 적용하고 습관화한다. 머리가 좋아서 남보다 빨리 합격할 수도 있겠지만 방대한 양을 공부해야 하는 시험은 합격에 성공하는 공부 방법이 있다.

회사에서 일을 하거나 사업을 하는 것도 마찬가지다. 회사에서 인정받는 사람들, 사업에 성공한 사람들의 이야기를 찾아 들어야 한다. 성공한 사람의 자신감과 에너지는 대단하다. 실패한 사람은 합리화를 하지만 성공한 사람은 주위 사람까지 성공하게 만든다. 돈을 온전히 이해하고 돈에 대해 솔직한 자세로 성공한 사람에게 배운다면, 우리는 돈에 대한 불안감에서 벗어나 진짜 돈 공부를 할 수 있을 것이다.

돈에 관해 당신은 어떤 유형인가

돈을 대하는 사람들의 유형들

MBTI 성격유형 테스트를 해본 적이 있는가? 사람의 성격을 16가지 유형으로 나눈 것으로 최근 많은 이들의 관심을 끌고 있다. INTJ 유형은 철두철미한 계획을 세우는 용의주도한 전략가인 반면 ESFP 유형은 즉흥적이며 열정과 에너지가 넘치는 자유로운 영혼이다.

이렇게 사람마다 성격이 다른 것처럼 돈을 대하는 태도도 그 사람의 환경과 성격에 따라 다르다. 돈을 계획적으로 벌고 쓰는 사람이 있는 반면 즉흥적으로 쓰고 갑자기 생각지도 못한 사업을 시작하는 사람이 있는 것이다. 어떤 유형의 사람들이 돈을 많이 벌고 모을 수 있는지는 정해져 있지 않다. 사람마다 추진력, 기회, 능력 등이 다르기 때문에, 내가 어떤 유형인지 생각해보고 돈에 대한 태도 부분에서 단점을 보완하고 장점을 부각해야 한다.

이보다 더 예민할 수 없다 : 돈 예민이

돈을 애지중지하면서 잘 못 쓰는 유형이다. 돈을 벌고 쓰는 것 뿐만 아니라 돈이라는 것 자체에 예민한 편이다. 주식을 하더라도 수수료까지 계산하고 이자나 신용카드의 포인트까지 챙긴다. 편의점에 가면 뭘 살지 고르지 못해 한참이나 망설인다. 볼펜 한 자루를 사는 데 하루 종일 고민하는 사람들도 있다. 이들은 자신이 돈에 예민한 성격이라는 것을 인정한다. 그것을 주위 사람들에게 스스럼없이 알린다. 사실 남에게 피해를 주지 않기 때문에 단점은 아니다. 보통 돈으로 얽히는 상황 자체를 만들지 않으니 피해도 거의 없다.

돈 예민이들은 돈을 모으는 데 최적화된 유형이다. 돈을 어떻게 벌고 어떻게 쓰는지에 대해 철저하게 관리하기 때문이다. 이런 유형의 단점은 돈을 쓰는 데는 서투르고 리스크를 잘 감당하지 못한다는 것이다. 돈을 쓰고 투자하는 데는 어느 정도의 과감함이 필요한데 돈 예민이들은 수수료, 이자비용 등 부수적인 것을 더 중요하게 여기다 보면 결국 투자 자체를 포기한다. 리스크를 어느 정도 감당해야 돈이 벌리고 투자할 타이밍은 기다려주지 않기 때문에 기회를 놓칠 위험이 가장 큰 유형이다.

돈은 깔고 앉는 게 최고 : 돈방석형

돈을 버는 목적은 돈을 쌓아두는 데 있다. 모험을 싫어한다는 점에서 돈 예민이들과 비슷하지만 돈에 대해 하나하나 따지지 않는다는 점에서 차이가 있다. 은행에 돈이 쌓여가는 것을 보고 안정감을 얻는다. 하지만 공격적인 투자는 망설이므로 리스크가 있는 투자는 남들이 모두 겪어보고 나면 뒤늦게 시작하는 경우가 많아 타이밍이 좀 늦은 경향이 있다. 집에 금고를 사서 돈을 넣어두고 마음의 안정을 얻기도 한다.

투자 안정주의로 돈을 은행에 맡겨두는 것을 좋아한다. 보통 돈을 여러 은행에 분산하여 맡긴다. 금융기관이 파산 등의 이유로 예금을 지급할 수 없으면 은행에 예금한 고객(예금자)이 피해를 보지 않도록 일정 금액까지는 보호를 해준다. 예금자보호인데 금융회사들이 파산하는 경우 예금보험공사가 이를 대신 지급해준다. 예금자보호 상한액은 금융기관당 최대 5천만 원이다. 주의해야 할 것은 예금 종류별 또는 지점별 금액이 아니라 동일한 금융회사 내에서 예금자 1인이 보호받을 수 있는 총금액이다. 또한 예금자보호가 되지 않는 금융 상품도 있으니 가입 전에 확인해야 한다. 혹시 모를 은행의 부실에 대비하기 위해 여러 은행에 5천만 원씩 나누어 정기예금이나 적금을 들어둔다.

돈방석형은 목돈을 모으는 데 최적화되어 있다. 은행 등 안전자산에 돈을 쌓아두는 것이 습관화되어 있기 때문이다. 사람마다 차이는 있지만 투자에 대한 관심은 많은데 지식이 부족한 경우 목돈을 한꺼번에 투자했다가 잃어버리기도 한다. 주위 사람이 안전하고 좋은 투자처가 있다고 하면 혹하는 마음에 돈을 한꺼번에 투자했다가 원금을 찾지 못하는 경우다. 펀드 사기나 부동산 사기와 같은 좋지 않은 일에 휘말리기도 한다. 많은 수익을 얻을 수 있다는 말보다 정말 안전하다는 말에 혹해서 투자했다가 손실을 보는 것이다.

돈방석형은 큰 리스크를 감당하기보다는 작은 리스크로 돈을 불려나가는 꾸준한 힘이 있다. 보통 전통적으로 잘 알려져 있는 투자처에 투자를 해서 큰돈은 아니지만 꾸준히 자산을 늘려간다.

돈은 써야 제맛 : 소비형

돈은 써야 한다고 생각한다. 소비를 하면서 행복을 느끼는 경우이다. 많은 사람들이 이런 유형일 것이다. 택배상자가 쌓여가거나 핸드폰을 자주 바꾸는 기변증이 있는 사람들이 이런 유형에 속한다.

소비형의 큰 단점은 소비를 줄일 수 없다는 것이다. 상황이나 여건이 조금 어려워져도 좋은 차를 타다가 작은 차로 바꿀 수 없고 큰 아파트에서 작은 아파트로 이사 가기는 쉽지 않다. 자기 전 스마트폰으로 쇼핑을 하는 것이 습관화되어 있다면 침대에 누워서라도 한 번은 구경해야 잠이 올 정도다. 소비중독이라는 말이 있을 정도로 물건을 사는 것 자체에 대한 행복감이 커서 쉽게 고치기 힘들다. 또한 소비는 단기적인 효과가 큰 것이 대부분이어서 장기적 투자나 계획에 약할 수 있다. 돈을 모아야 투자를 하는데 돈을 다

써버린다.

아이러니하게도 소비를 잘만 활용하면 발전할 수 있다. 물건을 사서 여러 가지 경험을 하고 새로운 물건을 사기 위한 목표를 비교적 빠르게 달성하고자 노력한다는 것이다. 소비를 위해 돈을 모으는 것이 이상할지 모르지만 생각을 전환하여 소비를 어디에 하는지에 따라 장점이 될 수 있다. 예를 들어 여행으로 깨달음을 얻어 사업을 시작하거나 작은 오피스텔이나 빌라 등으로 소비 대상을 바꾼다면 소비가 투자를 동반할 수 있다. 소비의 행복에 발전과 투자를 가미하는 것이다.

돈을 즐기고 활용하자 : 리스크형

큰돈을 벌기 위해 투자도 크게 한다. 위험을 즐기다 보면 돈을 운용하는 단위가 커지고, 적은 돈을 버는 것에 흥미가 없고 큰돈을 쓰는 데 주저하지 않는다. 오히려 적은 돈에는 연연하지만 큰돈을 쓸 때는 고민하지 않기도 한다.

돈을 벌고 쓰는 것을 즐기므로 소비 형태는 물질만능주의가 될 가능성이 크다. 내 수중의 돈뿐만 아니라 빚을 내서라도 소비를 하고 투자를 해야 하는 유형이다. 작은 집 월세를 살더라도 외제차는 꼭 타야 하는 사람들이다. 물질에서 행복을 찾고 돈으로 관심을 끌고 싶어 하는 사람들이다. 돈을 쓰면서 사람들을 내려다보기를 좋아하지만 내실이 별로 없을 수 있다. 물론 과소비는 돈이 많아서 소비를 많이 하는 것과는 다르다. 내 수준에 맞지 않는 소비 생활을 유지하느라 씀씀이가 커져서 저축액이나 투자액이 적을 수 있다.

돈에 대한 공부가 철저하다면 위험을 즐기는 사람들이 부자가 될 수도 있다. 리스크만 감당할 수 있다면 크게 투자해서 큰돈을 벌 수 있기 때문이다. 다만 소비 수준도 커서 돈이 모이지 않으므로 돈을 모으는 능력을 키워야 한다.

장점을 한데 모아볼까

나는 어떤 유형일까? 한 가지 유형에 속한다기보다 각 유형의 중간 정도나 두 가지 유형을 한꺼번에 갖고 있을 것이다. 보통은 소비형인데 돈을 잘 모으는지 또는 위험을 무릅쓰고 소비하는지 차이일 것이다. 내가 어떤 성격을 갖고 있는지 생각해보고 단점을 보완해야 한다. 모든 유형의 장점을 가지려고 노력하는 것이 좋다. 상황마다 다중인격자처럼 행동하는 것이다. 혼자 있을 때는 예민형, 사람들과 함께 있을 때는 소비형, 투자를 할 때는 돈방석형과 위험을 즐기는 리스크형이 되어보자.

돈에 예민하면서도 기부에는 돈을 아끼지 않는 부자들도 많다. 돈을 버는 사람이 따로 있는 것은 아니지만 돈을 벌기 위한 마음가짐은 분명 존재한다. 평소에 내가 갖고 있는 돈에 대한 단점을 보완해야 돈을 버는 기회를 잘 활용할 수 있을 것이다.

돈을 나의 정신과 의사라고 생각하라

정신적 스트레스의 원인이 돈일 가능성이 크다

국민건강보험공단의 자료에 따르면 지난 5년간 불면증 진료를 받은 환자 수가 점진적으로 증가하고 있다고 한다. 최근 몇 년 사이에 수면장애로 일상생활에 어려움을 겪는 사람들이 늘고 있는데, 특히 60대 남녀와 20대 남성에서 유독 증가율이 높다고 한다. 이들이 불면증을 갖게 된 여러 원인 중에는 높은 스트레스와 불안감이 있다. 그렇다면 스트레스는 어디에서 오는 것일까?

스트레스를 받는 이유 중에 하나는 '돈에 대한 불안'일 것이다. 당장 내일, 한 달 후의 삶을 걱정하며 사는 사람들은 돈의 여유가 없기 때문에 스트레스가 더 심해진다. 절대적 빈곤은 현재 벌어들이는 돈으로 최소한의 생활을 유지하는 데도 부족한 상태다. 주로 저개발 국가들의 빈곤인데 선진국도 부의 불평등이 극심해진 경우 나타나기도 한다. 미국 LA 스티드로 근처의 노숙자 집단촌이 대표적이다. 이에 반해 상대적 빈곤은 남들과의 비교를 통해 나타나는 현상으로 상대적 박탈감으로 의욕이 감소된다. 특히 나만 못 사는 것 같은 생각이 들어 사회 불안 및 갈등이 일어난다. 보통 급속한 경제성장이나 자산 가치가 증가하는 경우에 나타난다.

중위소득의 50% 미만을 벌어들이는 가구를 상대적 빈곤 가구로 파악한다. 이때 중위소득은 전체 가구를 소득 순으로 나열했을 때 가운데 위치하는 가구가 벌어들이는 소득이다. 통계청 자료에 따르면 2020년 기준 한국의 중위소득은 1인 가구 약 175만 원, 2인 가구 약 299만 원, 3인 가구 약 387만 원, 4인 가구 약 474만 원, 5인 가구 약 562만 원, 6인 가구 약 650만 원이며 상대적 빈곤률은 20%가 조금 안 된다. 2020년 빈곤통계연보에 따르면 청년 빈곤률은 10.9로 증가하는 추세이며, 76세 이상 노인 빈곤률은 모든 연령의 빈곤률 중 가장 높은 70% 정도라고 한다.

건강보험공단 자료에서 청년과 노인층의 우울증 진료비가 증가하는 것과 통계청에서 발표한 청년 빈곤율의 증가 추세와 노년층의 높은 빈곤률을 함께 생각해볼 필요가 있다. 빈곤이 스트레스의 원인 중 하나일 수 있다는 것이다.

스트레스에 불을 지핀 부동산 가격 폭등
최근 부동산 가격의 폭등으로 나를 제외한 다른 사람들의 자산은 점점 늘어나는 것처럼 느껴지는 상대적 박탈감이 스트레스를 더 가중시킨다. 부동산 가격은 끝없이 오르고 주위에 친한 사람들은 쉽게 돈을 불리고 있는 것 같은데 나는 돈의 흐름에 발맞추지 못해 벼락거지의 수렁에 빠진 느낌마저 든다.

실제로 돈이 없으면 이성적인 판단을 하기 힘들다. 의학적으로 스트레스를 받으면 전두엽의 활성이 줄어들어서 집중하지 못하고 뇌에서 문제 해결을 하기 어렵다고 한다. 우리의 뇌에서 전두엽은 사고력, 감정, 문제 해결 등 고등 정신 작용을 관장하며 다른 정보를 조정하고 행동을 조절하는 역할을 한다. 재정 상태가 극도로 어려울 때 오히려 사치품을 구입하기도 하는데 돈이 없을 때 비이성적 판단을 하는 대표적인 예이다.

특히 감당하기 힘든 빚을 지고 있는 경우 정신 건강에 큰 피해를 줄 수 있다. 삶을 비관해서 극단적 선택을 하는 사람들을 뉴스에서 종종 접할 수 있다. 돈으로 인한 스트레스가 만성적이 되면 심장병, 당뇨 등의 건강 문제를 일으키기도 한다. 안타깝게도 이런 스트레스는 음주와 흡연으로 쉽게 이어지고 중독에 빠진다. 극심한 빈곤을 겪는 사람들은 기본적인 삶이 힘들어 오히려 포기하고 술에 의존한다. 음주와 흡연은 다시 뇌에 영향을 주고 기본적인 판단을 더 어렵게 만든다. 악순환이 반복되는 것이다.

돈이 없을수록 스트레스가 심해지는 것은 자본주의 사회를 사는 우리가 짊어져야 할 과제일지 모른다. 돈이 부족하면 당장의 기본적인 생활은 물론 앞으로의 미래가 불확실해지기 때문이다. 하지만 많은 사람들은 스트레스의 원인을 알지 못하고 남 탓만 한다. 나쁜 생각이 쌓이고 쌓여서 결국 잠을 이룰 수 없는 것이다.

돈이 없어서 몸을 해칠 수 있다면 치료할 수 있는 약은 돈일 것이다. 돈을 열심히 벌어서 안정을 찾으면 된다. 돈은 마약과도 같지만 마음의 안정을 주는 치료제이기도 하다. 돈은 치료제 중에 진통제에 가깝다. 돈은 만병통치약이 될 수 없지만 삶의 고단함을 잊게 해주는 진통제가 될 수 있다.

돈으로 얻을 수 있는 안정감

연간 순소득만 약 20억 원이 넘는 사장에게 돈이 있으면 가장 좋은 것이 무엇인지 물었다. 그는 웃으면서 자기는 부자가 아니어서 잘 모르지만 한 가지 좋은 점은 돈이 있으면 여유가 많이 생긴다고 한다. 물질적 여유뿐만 아니라 마음의 여유도 생긴다. 하고 싶은 일을 할 수 있는 선택의 자유 말이다.

부자는 돈이 많은 것이 아니라 여유가 많은 것이다. 내가 하고 싶은 것을 얼마든지 할 수 있다. 돈이 있다면 사랑하는 가족들과 당장이라도 여행을 갈 수 있다. 회사에서 해고를 당해도 몇 달, 몇 년은 살 수 있다. 이런 마음의 여유가 스트레스를 줄이는 것이다. 여유가 생기고 선택권이 많아진다는 것이 모두가 돈을 많이 벌고 부자가 되고 싶은 이유일 것이다.

언젠가 방송에서 부부 싸움을 주제로 한 이야기를 들은 적이 있다. 크게 싸운 뒤 아내가 남편에게 말도 하지 않고 백화점에서 남편 카드로 마구 쇼핑을 했다고 했다.

"나는 사고 싶은 것도 참으며 아끼고 살았는데 부부 싸움을 하고 나니 남편이 너무 미워서 백화점에 달려가 갖고 싶은 것들을 샀어! 내가 결제를 하면 문자가 갈 테니까 남편에게 복수도 할 수 있고."

남편은 결제 문자를 보고 애가 타고 미우면서도 반대로 싸움은 금방 풀리겠구나 생각했다고 한다. 적당한 쇼핑으로 아내의 화가 풀릴 수 있다면 가정의 평화가 빨리 찾아올거라 생각한 것이다.

이처럼 마음의 상처를 크게 입었을 때 치유하려는 행동은 보상 심리에서 비롯된다. 안정감을 얻기 위한 행동으로 소비를 택하는 것이다. 사랑하는 사람과 헤어지고 쇼핑으로 슬픔을 푸는 사람도 이에 속한다. 이런 충동 소비를 반대하는 이들도 있지만 적당한 소비로 마음을 추스르고 좋지 않은 감정을 쉽게 풀 수 있다면 좋다고 생각한다.

사람은 안정감을 얻기 위한 나름의 계기가 필요하다. 아무리 '괜찮을 거야'라고 생각해도 풀리지 않는다면 돈이 도움이 될 수 있다. 나중에 부부 싸움 후에 산 옷을 보고 웃으면서 이야기할 수도 있고 다시 싸우지 않아야겠다는 생각을 할 수도 있다. 스트레스를 풀고 마음의 안정을 얻는 데 돈을 쓰는 것이 도움이 된다면 마다할 필요가 있을까? 정신 건강을 돈으로 살 수 있다면 기꺼이 써야 한다. 돈은 다시 벌면 된다.

돈은 돈,
사람은 사람이다

돈을 사람과 대등하게 비교하지 마라

사람과의 관계에서 돈은 중요한 역할을 한다. 돈은 그저 아는 사이를 친구로 만들어주기도 한다. 냉정해 보이지만 외식을 어디에서 할지, 골프와 같은 공유할 수 있는 취미가 있는지, 어떤 차를 타는지에 따라 대인관계가 달라질 수 있다. 사람들은 만날 때 나와 비슷한 경제적 수준과 소비 수준인지를 무의식적으로 판단한다.

하지만 돈 자체로 사람을 평가해서는 안 된다. 부자에게 관대하고 빈자에게 엄격한 사람이 있다. 안타깝게도 갈수록 소득 격차가 벌어지고 있다. 부자들은 빈자를 무시하고 빈자는 부자를 욕하기 바쁘다. 빈부의 격차가 벌어지면서 돈이 있고 없음에 따라 사람을 대하는 수준이 상식을 넘어서고 있다.

'돈이 먼저인가, 사람이 먼저인가'라는 질문 자체가 잘못되었다.

돈과 사람은 비교 대상이 아니기 때문이다. 돈으로 사람을 판단하면 앞으로의 삶은 돈에 얽매일 수밖에 없다. 돈으로 사람을 비교하기 때문에 상대적 박탈감이 더 크게 느껴진다.

돈으로 사람을 판단하는 것은 부자는 더 부자가 되고 빈자는 더 가난해지는 부익부 빈익빈이 심해지면서 나타나는 현상이다. 그 사람을 존중하는 것은 부자여서가 아니라 마인드와 행동 방식 때문이다. 돈과 사람을 구분해서 사람을 얻고 돈도 벌어야 한다.

돈의 공과 사를 구분하라

친한 친구 사이에 돈 문제가 끼어들면 예민해진다. 경제적 이해관계가 감정적 관계가 되는 경우가 많다. 반대로 감정적 관계가 경제적 이해관계가 되기는 어렵다. 거래처 사람과 친구가 될 수는 있어도 친구와 돈거래를 하는 것은 쉽지 않다. 그래서 감정적인 관계에서 돈으로 상처받는 상황을 없애는 것이 답이다. 돈 때문에 친구를 잃는 것은 한순간이기 때문이다.

돈 때문에 상처받고 정신적으로 어려움을 겪기도 하는데, 돈을 빌려달라고 연락이 오는 경우가 대표적이다. 연락이 뜸하던 친구가 갑자기 연락을 해왔다. 근황을 물어보던 중 어물쩍 돈 이야기가 나왔다면 돈이 필요해서 연락한 것이다. 금요일에 전화가 와서 돈을 빌려달라고 한다면 대부분 도박 자금을 빌리는 경우가 많다고 한다. 보통 월요일에 은행 문을 열면 돈을 주겠다고 하지만 주말에

게임이 끝나고 나면 수중에 돈이 남아 있지 않을 것이다.

돈이 먼저냐, 의리가 먼저냐를 따진다면 그 친구는 돈을 빌리기 위한 구실을 대는 것이다. 그런 말을 하는 친구는 이미 돈이 먼저이고 나를 친구로 생각하지 않는 것이다. 친구가 돈을 빌려달라고 하면 돌려받지 않아도 될 만한 돈을 빌려주고 잊어버리는 것이 낫다.

실제로 그런 상황에 닥쳐서 돈을 빌려주면 마음의 상처를 입는다. 일단 돈을 빌려주면 잊어버리지 않게 된다. 단돈 만 원이라도 잊어버릴 수 없다. 오히려 매일매일 더 생각날 것이다. 돈을 빌려주고 다행히 친구가 약속한 날 돈을 갚았다면 작은 상처로 끝날 수 있다. 그런데 조금만 더 시간을 달라고 하면 문제가 커진다. 빌려준 돈 생각이 점점 더 많이 난다.

'어떻게 번 돈인데 내 돈을 안 갚아! 이럴 줄 알았으면 갖고 싶은 것 사고 가족한테 펑펑 쓰는 건데. 괜히 빌려줬어!' 결국 좋았던 관계가 돈 때문에 갈라서게 된다.

동업의 조건

동업으로 사업을 하는 거래처가 있다. 흔히 동업은 절대 하지 말라고 하는데 오래도록 잘 이어지는 경우도 있다. 동업을 하지 말라고 하는 이유는 생각지 못한 여러 가지 일이 생길 수 있기 때문이다. 대부분은 돈이 원인인 경우이다. 사소한 문제가 쌓여서 끝내 동업 관계가 정리된다.

어린 두 사업가가 동업으로 사업을 시작하려고 찾아왔다. 나에게 상담하기 전에도 동업은 쉽지 않다는 이야기를 많이 들은 것 같았다. 그들은 앞으로 생길 수 있는 문제점에 대해 최대한 많이 이야기를 해달라고 했다. 바이럴 마케팅 관련 사업인데 서로 역할이 좀 달라서 동업을 하기로 했다는 것이었다.

우선 개인사업으로 할지 법인으로 할지 정해야 하는데 개인사업자의 경우 세무서에 동업계약서를 제출하고 손익 분배 비율을 정해서 사업자 등록을 하도록 되어 있다.

법인은 주식 출자 비율을 정해야 한다. 매출이 커지면 법인으로 전환하기로 하고 개인사업자로 시작하기로 했다. 수입을 배분하는 것부터 시작해야 하는데 쉬운 이야기가 아니다. 벌어들이는 매출을 반반으로 나누는 것은 쉽지만 순수입을 어떻게 가져가야 할지를 정하는 일은 만만치 않다. 임대료, 전세금, 공과금 등 모든 비용들을 칼로 자르듯 나누면 좋겠지만 그럴 수 없다. 예를 들어 접대비는 거래처를 만나는 빈도가 다를 수 있고 거래처와 어떤 식사를 할지도 매번 다르다.

현실적으로 정해진 방법이 있는 것도 아니어서 나중에 조정하기로 하고 우선은 반반씩 부담하기로 했다면 이 많은 비용들을 누가 정리할지에 대한 역할 분담을 해야 한다. 거래처 확보, 회사 비용 확인, 직원 교육 등을 누가 맡을지 정하는 것이다.

모든 것을 반반씩 하기로 한다면 오히려 불만이 더 빨리 생길 것이다. 상대적으로 누가 더 열심히 하고 수입에 더 기여하는지 비교될 수밖에 없다. 회계나 세무를 세무사 사무실에서 철저하게 관리해준다고 해도 각종 서류를 전달받아야 하는데 바이럴 마케팅 전문 회사에서 세무 관련 서류를 챙기는 것은 생소하고 어려워서 서로 하고 싶어 하지 않을 것이다.

결국 두 사람은 1년을 넘기지 못하고 각자 회사를 운영하기로 했다. 일에 대한 공과 사는 나눌 수 있어도 돈에 대한 공과 사는 나누기 어렵다. 내가 당장 손해 보는 돈의 액수가 눈에 보이기 때문이다. 어떤 경우에는 A4 용지 몇 장 더 쓴 것으로 시작해서 불만이 쌓여 동업 관계를 정리하기도 한다.

마음 편한 친구로 남는 법

동업이라고 모두 실패하는 것은 아니다. 오히려 동업으로 큰 시너지 효과를 보는 경우도 있다. 그런데 동업이 유지되는 유일한 방법은 성공해서 돈이 잘 벌려야 한다는 것이다. 바꿔 말하면 돈이 잘 벌려야 성공한 동업이 된다. 지금 나와 거래하는 회사 중에 동업이 잘되고 있는 경우는 매출이 크고 수입이 꾸준하고 안정적인 거래처들이다. 동업 관계의 인심도 돈에서 나오는 것이 아닐까? 수익 걱정이 없으니 서로 이해의 폭도 클 것이다.

돈에 대한 공과 사는 철저하게 구분할 줄 알아야 한다. 친한 사람과 돈거래는 쉽지 않다. 사업을 하면서도 감정이 다치지 않아야 하기 때문이다. 경제적 이해관계가 아니라면 감정적인 관계에서는 대부분 돈을 소비하는 것뿐이다. 같이 만나서 식사하고 즐기는 것 외에 돈을 빌리고 투자하는 일은 최대한 피하는 것이 좋다.

　친한 친구에게 좋은 주식을 추천해주기도 사실상 힘들다. 해당 주식이 오르면 좋지만 만에 하나 떨어지면 원수가 될 수도 있으니 말이다. 마음 편한 친구는 항상 내 곁에 남겨두어야 하지 않을까?

3장

돈 벌고
돈 모으기

$ ——————————————— $

돈을 모으는
자석을 만들자

근로소득과 저축이 해결해주는 시대는 끝났다

성실하게 일하면 잘살 수 있다는 말은 이제 통하지 않는다. 더이상 한 회사에 취직해 성실하게 일하고 능력을 쌓기만 하면 성공할 수 있는 시대가 아니다. 아무도 첫 직장을 평생직장이라고 생각하지 않는다. 빨리 일을 배워서 더 많은 연봉을 받는 더 좋은 직장으로 옮기고 싶어 한다.

현실은 좀 더 치열해서 성실하게 일할 기회조차 없다. 청년실업률은 높아지고 퇴직 연령은 낮아지고 있다. 거시경제성장률이 둔화되면서 전체 고용 전망은 어두운 것이 사실이다. 이제 회사도 근로자도 성실하게 돈 버는 시대는 끝났다는 것에 암묵적으로 동의하고 있는 것 같다.

해마다 최저임금은 물가상승률이나 경제성장률보다 더 많이 오르고 있다. 하지만 생활은 나아지는 것 같지 않다. 임금이 아무리 올라도 집값 상승 폭과 비교할 수 없기 때문이다. 경기 둔화를 완화하기 위해 전 세계적으로 통화량을 늘리고 있다. 한국도 몇 차례 재난지원금 명목으로 시중에 돈을 풀었다. 시중에 풀린 돈은 갈수록 많아지고 있다. 복지정책 확대를 위해서는 앞으로 세금이 점점 늘어날 수밖에 없다. 금리 인상을 예상하는 사람들도 있지만 계속해서 초저금리를 유지하고 있다. 경기가 좋지 않아 금리를 예전 수준으로 올리기도 힘들다.

금리는 돈의 가치를 말하는데 금리가 낮다는 것은 돈의 가치가 낮다는 것이다. 돈의 가치가 떨어지는 것과 반대로 보유하고 있는 자산의 가치는 증가한다. 직관적으로 생각하면 은행의 대출금리가 낮아지면 이자 부담이 낮아지고 너도나도 대출을 받아서 실물 자산인 주택이나 상가를 구입하려고 할 것이다.

근로소득의 가치는 낮아지고 저축이 앞으로의 미래를 보장하지 않는 시대에 부자가 되기 위해 새로운 전략과 방법이 필요한 것이 사실이다. 그렇다고 근로소득을 우습게 여겨서는 안 된다. 어찌 됐든 처음 돈을 모을 때는 근로소득부터 시작한다. 매월 고정적인 근로 수입이 들어오면 무엇보다 돈을 관리할 수 있고 투자를 위한 초석이 되기 때문이다. 성실하게 벌어들인 근로소득의 힘을 빌려 더 나은 투자 전략과 방법을 구사해야 한다.

인플레이션과 돈의 가치

월급을 받아서 적금을 드는 것만으로 돈을 모을 수 있었던 것은 이자율이 물가상승률보다 높았기 때문이다. 1990년 적금이자율은 20% 정도였고 2000년만 해도 8% 정도였다. 하지만 물가상승률은 매년 3~4% 수준이었다. 근로소득을 적금에만 넣어놔도 물가상승률을 따라잡을 수 있었다.

하지만 2021년에 정기예금 이자율은 1%를 넘기 어렵다. 물가상승률은 여전히 3~4% 정도이다. 통화량은 많아졌고 금리는 낮아졌다. 바꿔 말하면 화폐가치가 매년 급격하게 떨어지고 있다.

인플레이션은 갈수록 더 심해질 텐데 해결책은 무엇일까? 직접적인 방법은 돈을 자산으로 바꾸는 것이다. 2000년에 1만 원은 2020년에 1만 5,840원 정도의 가치다. 돈의 가치가 1.584배 늘어난 것이다. 아파트 가격은 어떨까? 2019년을 기준으로 20년간 서울의 아파트 가격은 4.5배 늘었다. 강남의 아파트는 7.4배 폭등했다고 한다. 2020년, 2021년에도 계속 상승하고 있으니 차이는 더 클 것이다. 지난 4년간만 봐도 서울의 아파트 값이 2배 이상 오른 곳이 많다.

강남불패라는 말속의 숨은 의미는 돈을 강남 아파트로 바꾸어 놓았더니 계속 상승하고 결국에는 돈을 벌었다는 뜻이다. 강남이 아닌 서울, 수도권, 지방이라도 사람들이 선호하는 아파트는 모두 급격하게 올랐다. 화폐가치보다 훨씬 더 올랐을 것이다. 보수적으로 생각해보면 1980년, 1990년대부터 집 한 채 갖고 있었던 부모님 세대는 2020년에 부족함 없이 지낼 수 있다.

돈을 자산으로 바꾸는 이유는 투자의 의미도 있지만 방어의 의미도 있다. 아파트를 사놓으면 아파트 가격의 상승과 하락의 파도에 몸담을 수 있다. 아파트 가격 폭등의 파도에 몸이 실려 있으므로 그만큼 화폐가치 하락을 방어할 수 있는 것이다.

반대로 아파트 가격이 떨어질 수 있다. 내가 산 아파트만 떨어진다면 문제이지만 거시적인 부동산 경기 흐름상 아파트 가격이 하락한 것이라면 방어적 의미에서 괜찮을 수 있다. 물론 아파트가 하락할 때 사고 상승할 때 파는 공격적인 전략을 구사하면 좋겠지만 마이더스의 손이 필요한 전략이다. 아파트 가격이 급상승해버린 최근에는 더더욱 쉽지 않다.

주식투자의 전설로 불리는 피터 린치는 아이러니하게도 주택의 중요성을 이야기했다. 주식투자를 고민하기 전에 "내 집이 있는가?"라는 질문에 답해야 한다고 한다. 내 집 마련부터 하고 주식투자를 하라는 말은 주식투자를 하기 전에 기초 재산을 화폐에서 자산으로 바꾸고 거시적 경기 흐름을 따르라는 뜻이다. 돈을 자산으로 바꿔 인플레이션을 관리하고 이겨야 한다.

돈을 버는 첫 번째 전략은 소득을 자산으로 바꾸는 것이다

최근 많은 사람들이 세 가지 후회를 한다고 한다.

'그때 대출받아 집 살걸', '주식 사둘걸', '비트코인 할걸'.

세 가지 후회 중 성실하게 벌어들인 돈은 없다. '이율 높은 적금에 넣어둘걸', '가계부를 매일 쓸걸' 같은 이야기는 하지 않는다.

세 가지 중 하나라도 실천하지 못했으면 벼락거지 트라이앵글에 빠졌다고 한다. 벼락거지는 벼락부자의 상대말로 요즘의 돈을 아주 잘 표현한 말이다. 나는 투자나 투기에 한눈팔지 않고 성실하게 돈을 벌고 있었는데 집을 사지 않아서 또는 남들 다 하는 주식을 하지 않아서 갑자기 벼락거지가 된 것이다. 집을 사지 못해서, 세상에 몰아친 돈의 파도를 타지 못해서 상대적 박탈이 돼버린 것이다. 성실하게 살았지만 아무것도 하지 않은 것에 대한 대가가 너무 크게 다가온다.

돈을 버는 첫 번째 전략은 소득을 자산으로 변환하는 것이다. 또 다른 새로운 용어로 '영끌'이 있다. 영혼까지 끌어모은다는 뜻이다. 자산 가치가 급격하게 증가할 때 영끌이라도 한 사람들은 돈을 벌었을 것이다.

물론 돈을 벌기 위한 방법으로 영끌이 답이 될 수는 없다. 당장의 대출이자와 원금상환 부담이 만만치 않기 때문이다. 하지만 자산 가치 증가의 파도에 올라탔다는 것만으로 괜찮은 선택을 한 것이다. 흘러가는 보이지 않는 소득을 자산으로 묶어놓았기에 돈이 된 것이다. 영끌이라도 해서 주택이라는 실체를 만들어놓고 지켜나가는 것이다. 영끌로 집을 산 사람들은 정신력이 무장되어 있을 가능성이 크다. 어떻게 산 집인데 이자를 못 내서 집을 날리겠는가! 앞으로 돈을 모아 집을 사는 것이 맞는 전략인지는 아무도 모른다. 정부는 주택을 투자나 투기의 대상이 아닌 거주의 대상으로 바꾼다고 한다. 하지만 살고 싶은 곳에 집을 갖고 싶은 것은 본능과도 같아서 주택에 투자라는 성격을 완전히 지워내지는 못할 것이다. 어떤 사람들은 주택 거품이 붕괴된다고 하고, 또 어떤 사람들은 지금이라도 당장 집을 사라고 한다.

언제 집을 사야 하는지는 아무도 모른다. 집값이 오르든 내리든 집을 투자의 대상이 아닌 거주의 대상으로 보아야 하는 것은 확실하다. 집에 대한 가치관, 집을 바라보는 관점을 바꿔야 한다는 것이다.

소득을 자산으로 바꿔야 하는 가장 중요한 이유는 자산 교환을 위해서다. 월급을 모아두기만 했다면 실물자산의 흐름을 따라가기가 어려울 수 있다. 특히 자산 가치가 상승하는 시기에는 자산을 구입할 기회를 모두 날려버릴 수 있다. 3년 전 대출을 받아서 주택을 사서 거주하고 있다면 주택 가격이 상승했을 것이다. 하지만 당장 이사 갈 계획이 없으므로 주택 가격 상승이 큰 이익으로 돌아오지는 않는다.

실제로 이익을 보는 것은 이 집을 팔고 새로운 집으로 갈 때이다. 하지만 내 집 가격만 오른 것이 아니다. 내가 살고 싶은 지역의 동일 평수 아파트는 모두 상승했다. 평수를 줄이거나 지역을 바꾸지 않으면 이익을 보는 것이 아니라 다른 집으로 이사 갈 수 있는 교환 정도를 할 수 있을 것이다. 그런데 주택을 사지 않았다면 주택을 교환할 수 있는 기회조차 없는 것이다. 저축한 돈은 기껏해야 연 1%

정도의 이자에 불과하므로 자산을 구입할 기회조차 없는 것이다.

정리하자면 소득을 자산으로 바꿔놓고 거주하는 집에 살면 자산의 파도가 오르든 내리든 교환이라는 기회를 얻을 수 있다. 1주택자 고가주택의 경우 양도소득세 때문에 이마저도 힘들 수 있지만 소득을 자산으로 바꾸어놓았다면 저축만 한 사람보다는 자산가치의 증가와 교환이라는 기회를 얻을 수 있다.

돈을 버는 두 번째 전략은 사업이다

사업소득이 근로소득보다 더 많다는 것은 아니다. 다만 하이 리스크 하이 리턴을 노려봐야 한다. 근로소득에 비해 사업소득은 자기의 역량과 능력에 따라 부자가 될 확률이 더 높다. 사업을 하려면 자본도 필요하고 망할 가능성도 크지만 열심히 해서 성공한다면 돈을 꽤 벌 수 있다. 내가 잘할 수 있는 사업을 찾아서 도전하고 시작해야 한다.

'사업에 성공하기 힘든데 어떻게 하라는 말이지?'라고 생각할 수 있다. 예전에는 운이 좋아서, 기회가 좋아서, 권력의 도움으로 성공하고 부자가 된 경우가 많았다. 경제 발전을 하던 시기에는 기회만 있으면 성공도 하고 부자가 될 수 있었다. 사업을 할 자본금이 있고 노력만 하면 성공 확률이 높았다. 잘 팔릴 만한 물건을 공급만 하면 수요가 있었기 때문이다.

요즘은 10번을 시도해서 9번을 실패해도 한 번의 성공으로 충분히 만회하는 경우가 많다. 이것은 많은 부자들이 말하는 성공의 법칙이다. 벤처캐피털은 유망한 회사에 투자를 한다. 미래 가치가 높을 것으로 예상되는 회사에 투자해서 주식 가치가 상승하면 차익을 얻는다. 100개의 회사에 투자해도 대부분은 수익이 나지 않는다고 한다. 3.5% 정도의 회사가 나머지 수익을 모두 내는 구조이다. 100개 중에 대부분은 실패하고 몇 개가 성공해서 수익을 벌어들인다는 것이다.

모바일 게임을 기획하고 개발하는 거래처가 있다. 개발자들의 특성인지는 모르겠지만 대부분 밤샘 작업을 해서 일정을 맞춘다. 출시일에 맞춰 게임을 완성하기 위해 야근, 철야 작업을 하는 것이다. 출시한 후에도 버그가 생기는 것을 막기 위해 고군분투를 한다. 모바일 게임은 경쟁도 치열해서 출시를 하고 일주일, 길어도 한 달 이내에 성공이 판가름 난다고 한다. 말 그대로 게임이 대박이 터져야 성공하는 것이다.

큰 게임 회사에서 투자를 받는 경우도 있지만 최소한 몇 번의 성공을 경험한 업체가 큰 게임 회사의 투자를 받을 수 있다. 작은 게임을 하나 성공시킨 후 점점 큰 게임을 개발해서 성공한다. 하나만 성공해도 소위 말하는 대박이 터져서 이제까지 입은 손실을 모두 만회할 수 있다. 그래서 하나의 게임을 성공시키기 위해 잠도 안 자고 노력하는 것이다.

사업은 쉽지 않으니 하지 말아야 할까? 한 번의 대박을 위해 여러 번의 실패를 감수해야 할까? 그렇다. 가능한 위험을 관리하면서 사업을 성공시켜야 한다. 많은 돈을 버는 방법은 실패를 줄이고, 실패를 교훈 삼아 빨리 성공하는 것이다. 분명한 것은 사업은 여러 번 시도해야 성공할 수 있다는 사실이다. 성공한 순간만 생각하지 말고 실패한 경험까지 내 것으로 만들어야 한다.

돈을 벌기 위해 사업을 하고 투자를 해야 한다. 회사에 다녀서는 돈을 벌 수 없다는 것이 아니다. 시대가 바뀌어서 임원까지 올라가는 길은 예전보다 훨씬 어렵고 회사를 정년까지 다닐 수도 없으니 다른 전략을 짜야 한다. 투자도 사업도 여러 번 시도하면 성공 가능성이 커진다. 언젠가는 성공한다고 믿고 해야 한다. 주사위를 던져 매번 6이라는 숫자가 나오지 않는다. 연달아 1이 나왔더라도 언젠가 6이라는 숫자는 나오게 되어 있다. 나도 언젠가 성공한다는 자신감을 가지고 사업하고 투자해야 한다.

> 절망이야말로 가장 순수하고 치열한 정열이었으며 구원이었다. 그리고 그것은 그 뒤 내가 택한 삶의 형태와도 관련을 맺는다. (중략) 나는 생각한다. 진실로 예술적인 영혼은 아름다움에 대한 철저한 절망 위에 기초한다고.

이문열의 소설 《젊은 날의 초상》에 나오는 구절로 내가 가장 좋아하는 말 중에 하나다. 지나고 보면 성공에 비하면 실패는 아무것도 아니다.

돈의 본질은
버는 것임을 기억하라

우리에겐 시그널이 필요하다

당연한 이야기지만 돈을 버는 이유는 쓰기 위해서이다. 돈을 쓸 일이 없다면 힘들게 벌 필요가 없다. 그런데 쓰기 위해 번다는 것이 간단하지 않다. 문제는 현재의 소비뿐만 아니라 미래에 쓸 돈까지 벌어야 한다는 것이다. 그래서 당장 돈을 쓰지 못하고 모아두고 싶어진다.

저축만으로는 돈이 늘어나지 않으므로 이제는 모아두는 것에 그쳐서는 안 된다. 돈 버는 방법을 공부하고 찾아서 돈을 불려야 한다. 미래가 점점 불안하기 때문이다. 그렇다고 노후를 위해서만 돈을 모을 수는 없다. 당장 즐겁게 살려면 돈이 있어야 한다. 돈을 쓰는 것도 돈을 벌기 위한 것이라고 생각해야 한다. 그래야 즐겁게 돈을 벌 수 있다. 그래서 돈을 버는 것이든 쓰는 것이든 나름의 수준과 시그널이 필요하다.

돈을 버는 이유는 돈을 쓰기 위한 것이고, 돈을 쓰는 것은 결국 물건이나 경험으로 바꾸는 것이다. 인간의 본능을 채우는 매개체 역할을 하는 것이 돈이다. 돈을 물건으로 바꾸고 나면 돈은 없어진다. 너무 당연한 이야기다. 그러나 그 당연한 사실을 자꾸 까먹고 돈을 너무 써버려서 미래를 불안해하며 살아가는 사람들이 많다. 돈을 쓰는 데도 기준이 있어야 한다. 돈을 버는 대로 다 써버린다면 당장은 즐거워도 미래가 불안할 수밖에 없다.

돈을 벌고 쓰는 수준과 방향을 정해야 한다

대부분의 남자들은 슈퍼카에 대한 로망이 있다. 페라리, 람보르기니 같은 드림카를 보면 나도 모르게 눈이 돌아간다. 어떤 사람이 차에 타고 있는지 궁금해서 운전석을 쳐다보게 된다. '연예인인가? 저 사람은 무슨 일을 할까? 저런 차는 얼마나 하지?' 좋은 차를 보면 나도 빨리 부자가 되고 싶다. 가장 일차원적인 동기부여라고 할까? 좋은 차를 탄다는 것은 부자라는 시그널이 될 수 있다. 물질적인 것으로 사람을 판단하는 것에 대해서는 일단 제쳐두고 한국에서 차는 부자의 척도가 되기도 한다. 떳떳하게 벌어서 좋은 차를 타는 것을 전혀 나쁘게 생각하지 않는다. 오히려 나도 열심히 돈벌어서 저런 차를 타고 싶다. '저 사람은 어떤 일을 해서 어떻게 돈을 벌었을까?'라는 궁금증이 생긴다.

요즘은 차값을 한 번에 지급하지 않아도 된다. 리스, 할부, 일시불, 장기 렌트, 은행의 오토리스 등으로 비교적 쉽게 구입할 수 있다. 그래서 고급 승용차를 구입하는 허들이 좀 낮아진 것이 사실이다. 여전히 차값이 비싸기는 하지만 BMW, 벤츠, 제네시스 등 고급 승용차를 구입하기가 쉬워졌다. 결혼하지 않은 20대가 월급을 250만 원 정도 받는데 매월 리스 비용으로 200만 원 정도 감당할 수 있다면 고급 승용차를 리스나 할부 등으로 구입할 수 있다. 유튜브에서 20대가 벤츠나 BMW를 타는 방법과 유지비 등을 자세히 설명해놓은 영상을 쉽게 찾아볼 수 있다. 월급 200만 원을 받아서 리스 비용으로 월 100만 원을 내고 나머지 금액으로 생활한다면 충분히 가능해 보인다. 고급 수입차는 한 살이라도 어릴 때 사야 한다는 생각을 하기도 한다.

지출은 많지만 가용할 수 있는 수입 내에서 하는 것이기 때문에 어떤 사람들은 괜찮다고 생각할 수도 있다. 하지만 당장 1년, 3년이 아니라 5년이나 10년 후를 계획한다면 월급 200만 원에서 리스 비용으로 100만 원이 나간다면 돈을 모으는 시간이 많이 늦어진다. 수입의 반 이상을 비용 성격의 고정 지출에 사용하는 것은 미래의 돈을 현재에 당겨 쓰는 결과이기 때문이다. 투자가 수반되지 않는 소비만을 위한 지출은 더욱 그렇다. 특히 차를 살 때 어느 정도 기준을 정해야 한다. 연수입 10% 내외의 리스나 할부 정도면 적당하다고 생각한다. 차 외에도 사용할 지출은 너무 많기 때문이다.

결국 돈을 어떻게 벌고 어떻게 쓸지에 대한 철학을 갖고 있어야 한다. 돈을 늘려가는 것도 적절한 수준과 방향이 있다. 돈의 수준이란 내 돈을 물건이나 자산으로 바꾸는 비율을 말한다. 내가 번 돈을 어느 정도는 소비하고 나머지는 여윳돈으로 갖고 있으면서 미래의 투자를 결정하는 것이다. 적절한 수준이 필요하다는 점에서 저축과 소비의 양극단에 치우쳐 있는 것은 현명하지 않다. 소비를 극단적으로 줄이고 모두 투자하는 것도 돈을 쓰고 모으는 목적 자체를 잊어버릴 수 있다.

본질을 알면 흔들리지 않는다

부자가 되기 위해서는 돈에 대한 철학을 기저에 깔고 돈을 버는 방법을 배우고 실천해나가는 수밖에 없다. 돈에 대한 철학을 세우고 열심히 일해서 경제적 안정을 이뤄야 한다. 그렇게 된다면 기쁨과 만족을 주는 일에 보람을 느끼고 투자를 할 수 있을 것이다.

매출 30억 원 정도 하는 법인 거래처 통장에 10억 원 이상 쌓인 것을 보고 사장님께 여쭤봤다. "다른 사장님들은 통장에 돈이 좀 쌓이면 고급차를 리스하거나 골프 회원권을 사는데 사장님은 그냥 쌓아두시네요." 그러자 그분은 이렇게 말했다. "나도 좋은 차 타고 골프 회원권도 갖고 싶지. 그런데 매출을 늘리는 게 먼저 아니겠어?" 그분은 외제차를 타지 않고 회원권만 없다 뿐이지 충분히 좋은 차를 타고 골프를 쳤다. 다만 회사의 자금을 함부로 소비하지 않은 것뿐이다.

정해진 것은 없지만 경험상 젊은 사장들이 오히려 더 고급 승용차를 타고 골프 회원권을 보유하고 있다. 오히려 나이가 지긋하고 사업을 오래 한 사장들은 안전자산을 모아두거나 부동산에 투자한다. 그렇다고 젊은 사장들이 분수에 맞지 않게 과소비를 하는 것은 아니다. 단지 돈에 대한 생각과 시간의 차이일 수 있다. 돈에 대한 나름대로의 철학을 쌓으려면 시간이 필요하다. 당장 돈이 생기면 좋은 차를 타고 골프를 치러 다니고 싶다. 하지만 수준에 맞지 않는 소비를 하다 보면 어느새 곳간이 비어 있을지도 모른다.

통장에 돈이 쌓인 거래처는 얼마 지나지 않아 대기업과 거래를 시작할 수 있었다. 대기업은 거래를 하기 전 실사를 하고 재무제표를 철저하게 검토한다. 회사에 부채도 적고 보통예금 등 안전자산이 충분한 것을 확인하고 거래 계약을 맺는다. 법인 대표는 큰 먹이를 기다리고 있었던 것이다. 결국 매출 30억 원의 법인회사가 대기업과 거래를 성사해서 연간 20억 원의 추가 매출을 올릴 수 있었다. 그 회사의 사장님은 그제야 차 한 대 살지도 모른다고 했다. 그런데 그마저도 자신이 탈 차가 아니라 회사 영업용 차였다.

돈의 본질은 버는 것이다. 그러나 쓰지 않는 돈은 의미가 없다. 어떻게 벌고 어떻게 써야 할지 방향을 알고 기준을 정하는 일이 필요하다. 이 중심만 잘 잡는다면 돈이 상대적으로 없다고 해서 우울증에 빠지는 일도 없고, 돈만 좇다가 인생을 돈돈거리며 살지도 않을 것이다.

돈도
'자기계발'을 한다

자기계발을 돈 중심으로 바꿔라

나는 자기계발 책을 좋아한다. 느슨해질 때쯤 다시 열심히 뛸 수 있는 힘을 주기에 소설보다 많이 읽는 편이다. 자기계발 분야의 베스트셀러나 추천하는 책은 꼭 챙겨 보는 편이다. 우리나라의 성공하는 사람들 이야기도 들어보고 외국의 자기계발 베스트셀러도 찾아본다. 자기계발 책에 공통적으로 나오는 네 가지 요소가 있다.

- 명확한 목표를 설정하라.
- 동기부여를 할 수 있는 열정을 가져라.
- 끊임없이 노력하라.
- 생각만 하지 말고 실천하라.

좋은 내용이지만 대부분 여기에서 벗어나지 못한다. 메시지 하나에 집중해서 실제로 자기계발에 활용할 수 있는 실천법을 알려주는 책들은 흔하지 않다. 또 설사 알려준다고 해도 뻔한 내용들이다. 책을 읽기 전에는 책장만 넘기면 단숨에 부자가 될 것 같지만 동기부여나 다짐을 하더라도 실천력을 이끌기는 쉽지 않다.

자기계발서들이 '뜬구름 잡는 소리'만 하고 있다고 느끼는 이유가 무엇일까? 구체적인 이야기, 즉 정말 듣고 싶은 돈 버는 법에 관한 이야기를 하지 않기 때문이다. 사람들이 자기계발서를 읽는 목적은 '돈'을 벌고 싶어서다. 자기계발을 해서 '돈'도 벌고 충만한 인생을 사는 것이다.

돈이 자기계발을 하도록 만드는 네 가지 방법

'돈의 자기계발'을 위해서는 자기계발서에 공통적으로 나오는 네 가지 요소를 적용해서 실천해야 한다.

돈으로 목표를 수치화하라

명확한 목표를 설정하는 대표적인 방법은 어려운 목표보다는 쉬운 목표를 잡아 목표치를 잘게 나누는 것이다. '나는 대기업을 운영하는 대표가 될 거야'보다는 '내일부터 일찍 일어나서 이불 정리를 할 거야'로 정하고 하나씩 달성하는 것이다.

모두 좋은 방법이라고 생각되지만 실제로 해보면 어렵다고 느낄 것이다. 작고 쉬운 목표는 성취감이 적기 때문이다. 어려운 목표를 달성해야 희열과 성취감을 느낄 수 있다. 또 다른 이유는 이불 정리와 대기업 대표 사이의 연관성이 별로 없기 때문이다. 이불 정리의 다음 목표와 그다음 목표들을 달성하고 나면 대기업 대표가 되어야 하는데, 그런 연쇄적인 목표 달성의 루트를 정할 수도 없고 알 수도 없다.

내가 제안하는 '돈의 자기계발'은 목표를 '돈'으로 바꾸는 것이다. 목표를 정할 때 돈으로 수치화해야 한다. 돈은 숫자이기 때문에 목표가 명확해지고, 작은 목표와 달성할 목표 간의 연관관계가 강력해져서 목표를 달성할 확률이 커진다.

회사 근처 오피스텔을 구입하기 위해 1억 원이 필요하다면 2년 안에 1억 원을 벌겠다고 목표를 정한다. 그다음 그 목표를 달성하기 위해 작은 목표들을 세워야 한다. 소비를 줄여서 매달 200만 원을 저축할 수 있다면 2년간 4,800만 원이다. 나머지 5,200만 원을 모으기 위해 소비를 더 줄일지, 부수입을 늘릴지 아니면 공격적으로 투자할지 구체적인 계획을 세워야 한다.

나는 세무사 시험을 준비하기 전에 세무사가 되면 얼마를 벌 수 있는지부터 계산해봤다. 세무사들은 보통 회사에 들어가는 것보다 자기 사업을 하는 경우가 많아서 기업에 근무하는 세무사들의 연봉은 고려하지 않았다. 세무사가 되어 내 사업을 하고 싶어서 시험에 도전했다. 당장 취업을 해서 근로소득을 버는 것보다 세무사로 벌어들이는 수입이 많다는 것을 숫자로 계산해보고 세무사 시험 합격을 목표로 삼았다. 세무사 시험에 떨어져서 1년 늦어졌을 때 내 손실은 세무사의 평균 수입이었다.

내가 세무사 시험 공부를 하고 있을 때 친구들은 회사에 취직해서 돈을 벌고 있었다. 하지만 나는 세무사가 되면 얼마를 벌 수 있는지 알고 있었기 때문에 조급해하지 않았다. 세무사가 되고 나면 몇 년 후 내가 좀 더 벌 수 있다는 확신이 있었다.

내가 벌 수 있는 돈으로 목표를 수치화하니 공부에 전념할 수 있는 동력도 같이 생겼다. 명확한 목표를 '돈'으로 수치화해야 한다.

돈을 가장 강력한 동기부여 수단으로 활용하라

목표를 달성하기 위해서는 동기부여가 필요하다. 우선 목표를 달성하고 났을 때 달라지는 모습을 떠올려보자. 보통 동기부여라고 하면 더 나은 삶을 살기 위해 자극을 받는 것이다. '승진을 하면 시간이 많아진다', '목표를 이루면 제2의 삶을 살 수 있다' 등 구체적인 스토리를 만들어서 동기부여를 한다.

돈은 동기부여의 가장 강력한 에너지가 될 수 있다. 목표 달성이 어려워 좌절하고 힘들어할 때 다시 채찍질을 할 수 있는 힘이자, 포기를 '포기'하게 만드는 원동력이 된다. 돈의 힘은 굉장하다. 월급날을 바라보며 한 달을 사는 대다수의 직장인들이 이를 증명해주지 않는가.

세계적인 경영 컨설턴트 켄 블랜차드는 '칭찬은 고래도 춤추게 한다'는 하나의 문장으로 모든 사람들에게 동기부여를 했다. 하지만 칭찬이 실제로 돈을 벌어주는지에 대해서는 와 닿지 않는다. '성실하고 긍정적으로 살면 기회가 온다'는 식의 좋은 것이 좋다는 이야기는 동기부여가 되기에 조금 부족하다. 돈을 버는 데는 좀 더 직접적인 동기부여가 필요하다.

"엄마가 1만 원 줄 테니 심부름 좀 다녀와." 이것이 돈을 이용한 동기부여다. 동기부여는 한마디로 사람의 행동을 이끌기 위한 유인책인데 심부름을 하는 사람 입장에서는 동기부여를 받은 것이다. 이런 동기부여는 회사에서도 많이 사용되고 있다. 직원들의 성과를 유도하기 위해 인센티브를 제공하는 것도 돈으로 동기부여를 하는 것이다. 회사들은 어떤 인센티브를 줘야 동기부여가 잘 되는지 연구한다.

다른 사람의 행동을 이끄는 가장 쉽고 효율적인 동기부여는 돈이다. 생각을 조금 달리해서 다른 사람이 동기부여를 해주지 않더라도 가상의 인물을 만들어서 개인의 삶에 인센티브 제도를 도입해보자. 목표를 이루기 위해 단기 목표를 설정하고 단기 목표를 이룰 때마다 보상을 주는 것이다.

내 목표와 관련된 습관이나 공부와 연결하면 좀 더 구체적으로 실행할 수 있다. 예를 들어 책을 일주일에 한 권 읽으면 티셔츠를 하나 구입하기로 하거나, 유튜브에 올라온 일러스트 강의를 모두 들으면 아이패드를 나에게 선물하기로 정하는 것이다. 동기부여는 시각화하면 도움이 되므로 동기부여 대상인 티셔츠나 사고 싶은 아이패드를 핸드폰 바탕화면에 띄워놓는 것도 좋다. 세무사를 공부할 때 갖고 싶은 차를 윈도우 바탕화면으로 설정해두었다. 공부가 힘들 때도 컴퓨터를 켜면 '시험에 합격하면 저 차를 탈 수 있어!'라고 생각했다.

1천 원이라도 수입을 늘릴 수 있는 방안을 모색하라

다이어트를 하거나 담배를 끊으려면 말 그대로 피나는 노력이 필요하다. 무언가를 성취하려면 노력해야 하듯이 돈도 마찬가지다. 어떻게 보면 냉정한 사회에서 끊임없이 노력하지 않으면 돈이 늘어나지 않는다. 매년, 매월, 매일 돈의 스탁(stock)인 재산을 늘려가기 위해 끊임없이 노력해야 한다.

돈이 늘어나지 않는 것을 걱정해야 한다. 내 총재산이 10년 전, 5년 전, 1년 전에 비해 줄어들지 않았다고 안심하면 안 된다. 매년 돈이 늘어나지 않는 것을 걱정해야 한다. 이 어려운 시기에 작년과 비슷했으니 좋다고 생각하면 유지되기는 하지만 발전이 없다.

수입을 조금씩 늘리는 좋은 방법은 잠시 주위를 둘러보는 것이다. 그리고 나보다 조금 더 나은 사람들은 어떻게 돈을 버는지 생각해본다. 회사에서 팀장, 과장님은 돈을 얼마를 벌고 어떻게 노력하는지, 사업을 한다면 동종 업계의 잘나가는 회사는 무엇이 다른지 궁금증을 가지는 것이다. 신문 기사를 찾아보거나 나보다 돈을 더 많이 벌고 있는 사람들의 이야기를 들어본다. 그들이 매년 돈을 버는 이유가 있을 것이다.

코로나19 여파로 자영업이 힘들다. 특히 음식점은 다른 업종에 비해 영업손실이 막대하다. 하지만 돈을 버는 사람들은 위기를 기회로 삼는 경우가 많다. 코로나19가 장기화되면서 변화된 세상에 적응하고 노력하여 오히려 돈을 더 많이 버는 음식점들이 있다. 코로나19의 어려움 속에서 잘되는 식당들은 어떤 노력을 했을까?

우선 많은 음식점들이 배달 시스템을 도입했다. 몇 년 전부터 배달대행 서비스 업체들이 늘어나 배달용기와 시스템에 투자하면 새로운 수입을 얻을 수 있었다. 배달이 어려운 음식을 취급하는 식당은 배달이 가능한 메뉴를 새롭게 선보이기도 했다. 이렇게 힘든 상황에서도 노력해서 수입을 늘려나가고 있다. 누가 삼겹살이 배달된다고 생각했을까?

실제로 나와 거래하는 음식점 사장님 중에 코로나19를 견디고 오히려 매출이 증가한 분이 있다. 처음에는 '몇 달이면 괜찮아지겠지' 하다 장기화될 조짐을 보이자 돈을 벌 수 있는 방법을 고민했고, 새로운 배달 메뉴를 개발해서 돈을 벌었다. 이 사장님은 코로나19 위기에도 점포를 늘려나가고 있다.

코로나19가 언제 끝날지도 모르는 상황에서 정부 탓, 경기 탓만 하고 있다면 수입은 늘지 않을 것이다. 물론 노력한다고 해서 모두 좋은 결과를 얻는 것도 아니다. 하지만 돈 벌기 위해 끊임없이 노력해야 발전하고 많은 돈을 모을 수 있다. 실제로 위기에도 돈을 더 많이 벌고 있는 사람들이 있으니 힘들다고 포기할 수 없다.

미래를 예측하기 힘들고 불확실한 시대에 필요한 능력은 돈을 버는 힘이다. 그리고 돈을 버는 힘은 끊임없는 노력에서 나온다.

돈 버는 투자를 하라

자기계발 중에 가장 어려운 부분이 돈을 벌어들이는 투자이다. 남들은 쉽게 돈을 버는 것 같은데 나는 새로운 일을 시작조차 하기 쉽지 않다.

세무사의 좋은 점 중 하나가 여러 업종의 사업을 간접적으로 체험할 수 있다는 것이다. 피자집으로 단기간에 성공한 사장님이 있다. 20대에 사업을 시작해 열정을 쏟아부었다. 프랜차이즈 피자는 규모가 크고 시스템도 잘되어 있는 데다 배달도 원활해서 진입하기 힘든 분야이다. 동네 피자가 성공해서 규모를 키우기도 하지만 꾸준한 수입을 얻기는 쉽지 않다.

피자로 성공한 사장님은 사업 시작 전에 콘셉트부터 잡았다. '피자와 맥주 그리고 20대들이 좋아하는 핫플레이스'가 콘셉트였다. 토핑도 푸짐하게 올려준다. 이런 독특한 콘셉트를 어필하기 위해 초반부터 SNS 마케팅에 투자했다. 여기에 더해 24시간 피자집을 운영했다. 새벽에 피자가 당길까? 먹어보지 못한 사람은 모르겠지만 경험해본 사람은 참 괜찮은 조합이라는 것을 안다. 피자 사업이 성공하자 지금은 다른 스타일의 음식으로 사업을 확장하고 있다.

20대 사장은 피자로 20대, 30대의 마음을 사로잡았다. 피자는 레드오션이지만 새로운 콘셉트로 밀고 나가 단기간에 성공할 수 있었다. 대부분의 사람들은 피자와 맥주가 괜찮은 조합이라고 생각만 할 뿐 돈으로 변화시키는 실천력이 부족하다. 열심히 노력하고 준비되었다면 주저하지 말고 돈으로 바꿔야 한다. 물론 뼈를 갈

아넣는 노력이 필요하다. 노력을 돈으로 바꾸는 것이 진정한 자기계발이다.

자기계발의 핵심은 돈이다

자기계발까지 돈으로 생각해야 한다니 너무 돈돈 하는 것처럼 느껴질 수 있다. 하지만 자기계발을 하는 이유가 성공이므로 여기에서 돈을 빼놓을 수 없다. 자기계발을 잘할 수 있는 모든 방법에서 돈을 생각해야 한다. 앞에서 말한 목표도, 동기부여도, 끊임없는 노력도, 실천력도 돈을 어떻게 얼마를 벌 것인지 함께 생각한다면 명확해지고 구체화된다.

내 마음 어딘가에 열정이 숨어 있다. 내 열정을 검색하고 목표를 찾아서 돈으로 시각화해야 한다. 시각화하는 데 성공했다면 돈을 늘려가기 위한 노력을 끊임없이 해야 한다. 돈이 돈을 버는 경제적 자유를 얻는 것이 최종 목표라면 더욱 돈을 중심으로 자기계발을 해야 한다. 미라클 모닝을 하려는 이유, 창조적인 저녁 시간을 보내려는 이유, 영업을 잘하려는 이유도 좀 더 나은 나를 만들어서 결과적으로 돈을 많이 벌기 위함이라는 것을 기억해야 한다.

돈 버는 안목을 키워
돈 버는 영역을 확장하라

돈을 알려면 돈의 종류부터 파악하라

돈은 내 시야를 좁히기도 하고 넓히기도 한다. 가난한 사람은 돈을 많이 버는 사람들을 보고 '부자들은 나랑 달라! 돈이 있으니 돈을 벌지', '저 사람은 정당하지 못한 방법으로 돈을 버는 거야!'라며 돈에 대해 부정적으로 생각한다. 이것은 일종의 방어기제이다. 그렇게 얼마 되지 않은 내 돈을 지키는 데만 집중한다.

돈을 버는 데 적극적인 사람은 어떤 방법이 있는지 항상 궁금해한다. '요즘 잘되는 사업은 뭐지?' '요즘 20대가 많이 찾는 줄 서는 디저트 카페는 어디지'라고 항상 어디에서 돈이 벌리는지 찾아본다. 당장 사업을 시작하기 위한 검색이 아니라 돈을 벌기 위한 안목을 넓히는 것이다.

돈을 벌려면 어떻게 돈을 벌어야 하는지에 대한 안목을 넓히는 것이 필요하다. 근로소득으로 시작해서 사업소득을 비롯해 여러 가지 소득으로 시야를 넓혀야 한다. 처음부터 사업을 시작하거나 가진 돈을 투자해서 돈을 벌면 좋겠지만 현실적으로는 근로소득을 버는 것이 돈을 벌고 모으는 첫 단계이면서 사회생활에 대한 공부가 된다.

내가 일하고 싶은 분야의 회사에 들어가서 근로소득을 벌어야 한다. 그리고 돈에 대해 알아가기 위한 레이더를 넓게 펼쳐야 한다. 동기, 과장님, 부장님, 사장님들은 돈을 어떻게 벌고 쓰는지 관찰하고, 돈이 어떻게 움직이는지, 돈이 흐르는 곳에 항상 관심을 두어야 한다.

근로소득으로 돈을 모아라

한국의 청년고용률은 40%대이다. OECD 평균인 50%와 비교해 상당히 낮은 편이다. 고용률은 생산 가능 인구 중 취업한 사람들의 비율로 노동시장의 상황을 수치로 보여준다. 청년들의 저고용 상태는 지난 10년간 유지되고 있고, AI가 인력을 대체할 것으로 예상되어 고용은 더 줄어들 것이다.

저고용 시대에 좋은 회사에 들어가서 평균 연봉을 받는 것 자체로 대단한 성과이다. 하지만 근로소득으로 모든 것을 해결할 수 있는 시대는 끝났다. 수도권의 중위권 집값이 10억 원을 넘어버렸으니 월급을 받아서 수도권에 집을 사기 어려운 현실이다. 저축이 투자가 아닌 것처럼 근로소득은 돈을 벌기 위한 과정의 끝이 아니라 시작이다. 근로소득을 벌기 시작했다면 이것을 지렛대 삼아 돈을 벌기 위한 준비를 해야 한다. 근로소득은 매월 들어오는 수입이 일정해서 예상 가능하므로 돈을 모으기가 쉬운 편이다. 소비를 관리하고 목표를 정해둔다면 정해진 수입과 지출이라는 틀 안에서 돈을 관리할 수 있다.

근로소득자의 돈 모으기는 목표 금액을 정하는 것에서 시작한다. 얼마를 모아야 하는지 정해진 것은 없다. 재테크 전문가들은 투자를 시작하려면 최소 5천만 원을 모으라고 한다. 하지만 돈만 모으다 지칠 수 있고 돈을 어떻게 투자할 것이냐에 따라 모아야 하는 금액이 다르다. 예를 들어 주식을 공격적으로 투자하기로 한다면 첫 월급부터 시작해도 된다. 그러나 부동산에 투자하고 싶다면 최소 5천만 원에서 1억 원은 모아야 한다. 얼마를 모아야 하는지 정하는 데도 공부가 필요하다. 그리고 주식을 할지 부동산 투자를 할지, 사업 밑천을 만들지에 따라 목표 금액도 다르다. 목표 액수를 정했다면 그다음부터 달성하는 데 매진해야 한다.

1억 원을 벌려면 어느 정도의 시간이 걸릴까? 임금 근로자의 평균 월소득은 약 300만 원이다. 1인 가구라면 최저 생계비 100만 원을 제외하고 약 200만 원을 모으더라도 1억 원을 모으는 데 걸리는 시간은 약 4년 3개월이다. 아이가 없는 2인 가구의 경우 맞벌이를 해서 월수입 약 600만 원을 번다면, 2인 가구 최저 생계비 약 170만 원을 제외하면 1년 9개월이 걸린다. 2년이면 1억 원을 모을 수 있다. 1억 원을 모으기가 쉽지는 않지만 숫자로 확인해보면 충분히 가능한 일이다.

한국에서 연봉 3천만 원 정도이면 세금을 거의 내지 않는다. 연말정산에서 근로소득 공제와 세액 공제로 대부분 환급받기 때문이다. 월소득 약 300만 원, 연봉 4천만 원인 경우에도 여러 가지 공제를 받으면 세금이 없거나 많지 않다. 그러므로 목표 금액을 정해서 첫 월급부터 돈을 모으고 되도록 빨리 투자를 시작해야 한다.

사업소득을 만들 궁리를 하라

근로소득을 벌면서 해야 할 두 번째 일은 사업소득을 만들 궁리를 하는 것이다. 평생직장 개념이 사라진 지 오래다. 회사에서 열심히 일해 임원까지 오를 자신이 있다면 근로소득을 늘리는 데 집중하는 것도 좋다. 사업을 하는 것보다 훌륭한 전략이다. 하지만 근로소득으로 부자가 되기 위해서는 내 모든 시간을 써야 하고, 임원으로 승진하기 위해서는 슈퍼맨의 능력이 필요하다. 그래서 근로소득을 벌기 시작할 때부터 사업을 염두에 두는 것이 좋다.

회사에 다니면서 사업을 준비할 수 있는 분야가 있다. 거래처 사장들의 창업 스토리를 들어보면 근로소득이 사업소득으로 바뀐 경우가 있다. 해외 영업, 구매 관련 부서, 온라인 상거래, 인터넷 마케팅, IT 개발자 등은 회사를 다니면서 실력과 경험을 쌓아 자기 사업을 준비할 수 있다. 근로소득을 벌면서 사업을 준비할 수 있는 시간과 돈을 벌고 언젠가 독립해서 내 사업체를 만드는 것이다. 사업을 시작하는 시기는 관련 분야에서 전문가 소리를 들을 수 있을 때쯤이 좋다. 최소한 3년에서 5년은 걸릴 것이다. 1만 시간의 법칙에 따라 하루 6시간이면 최소 5년이다.

주의할 점은 다니던 회사의 노하우나 거래처를 뺏어 와서는 절대 안 된다는 것이다. 돈을 버는 것만을 목적으로 사업 초기부터 신용을 잃는다면 사업 자체를 할 수 없다. 사업을 하기 위해서는 신용이 필수인데, 이전 직장에서 좋지 않게 퇴사하는 경우 사업할 수 있는 기회조차 얻기 힘들다.

사업을 할 때 가장 무서운 것은 사람들의 인식과 평판이다. 좋은 평판은 사업에 힘이 되지만 좋지 않은 평판은 평생 따라다닌다. 다니는 회사에서 업무가 많아 힘들더라도 묵묵히 이겨내야 한다. 우선 일을 배우는 것에 집중한다. 언젠가 나도 관련 업종에서 사업을 시작하겠다는 의지로 일을 배워야 한다. 내가 사장보다 일을 잘하기 때문에 회사를 그만두고 사업을 하는 것이 아니다. 일을 열심히 배우고 나름의 노하우와 실력이 쌓였기 때문에 독립해서 사업을 하는 것이다.

근로소득의 경험으로 사업에서 성공하는 방법

사업으로 성공하기는 절대 쉬운 일이 아니다. 하지만 돈을 벌기 위해서는 안목을 키우고 돈을 더 많이 벌 수 있는 자신만의 수입원을 만들어야 한다. 근로소득을 벌면서 실력과 자금을 모으고 사업에 매진한다면 돈을 벌 기회를 더 많이 찾을 수 있다.

오래된 거래처 라이언 사장님은 창업을 하기 전 화학제품을 제조하는 회사에 근무했다. 그는 회사에서 해외 수출 업무를 담당했는데, 경험이 쌓이고 업계에서 인정받아 독립을 결심했다. 퇴사하기 전 회사에는 동종 업계이지만 사업 분야가 겹치지 않게 독립해서 새로운 사업을 시작해보겠다고 미리 말했다고 한다.

실제로 화학제품 제조 회사는 규모가 크기 때문에 직원의 독립이 경영상 위협이 되지 않는다. 하지만 라이언 사장님은 다니던 회사에 대한 예의를 갖추고 동종 업계에서 윈윈 관계를 구축하고 싶었다. 회사 입장에서는 경쟁자가 생겼다고 생각할 수 있지만 취급하는 제품군이 너무 많고, 라이언 사장님이 사업하려는 것은 특수한 제품이어서 오히려 서로 도움이 될 수 있다고 생각했다. 또한 동일 제품이라도 회사는 주로 유럽이나 미국 등 선진국에 수출했지만 라이언 사장님은 선진국 이외의 국가를 새로 개척할 계획이었다. 회사에서 라이언 사장님에 대한 신뢰와 평판이 그만큼 컸기 때문에 이런 사업 구상을 할 수 있었던 것이다.

라이언 사장님은 해외 수출 가능한 제품을 찾아서 중국, 러시아, 브라질, 터키 등의 관계자들과 직접 만났다. 회사를 다니면서 익힌 노하우를 활용하고 선진국 거래처 관계자들의 소개를 받아 거래선을 하나씩 만들어나갔다. 사업 초기에는 제품 테스트 기간이 워낙 오래 걸렸고 중국과 사드 문제 등으로 큰 위기을 맞았다.

하지만 그동안 쌓아온 노하우와 업계 평판이 힘을 발휘했다. 최근 라이언 사장님이 취급하는 제품은 꾸준히 수출되고 있다. 그리고 화학제품을 제조하는 회사에 해외에서 필요로 하는 제품 개발을 역제안하는 수준까지 성장했다. 제조회사도 새로운 제품을 개발하여 나란히 매출이 늘어나는 윈윈 관계를 구축할 수 있었다.

사업소득자가 되려면 성공하려는 사업에 대한 마인드와 안목를 가져라

사업소득이 근로소득보다 크다는 보장은 없다. 하지만 사업에 성공하기만 한다면 돈을 더 많이 벌 수 있다. 하지만 절대 쉬운 일은 아니다. 사업을 해서 돈 버는 것이 쉽다면 누구나 사업을 할 것이다. '명예퇴직을 해서 치킨집이나 차리지, 뭐' 이런 마인드로는 절대 치킨집이 성공할 수 없다. 사업은 분명 근로소득보다 돈을 많이 벌 수 있는 기회가 있다. 하이 리스크 하이 리턴이다. 대부분 사업을 시작하기 전에 예상 수입과 예상 비용을 미리 분석해본다. 사업은 예상했던 수입의 절반 정도 벌고 예상했던 비용의 2배만 써도 잘하는 것이라는 말이 있다. 그만큼 사업은 힘들다.

삼성 계열사 임원으로 퇴직해서 처음 외식업을 시작한 사장님이 있다. 인맥을 동원했는지 대형할인점 입점에 성공했다. 사람들이 많이 모여드는 대형할인점에서 음식점을 차렸으니 다른 사람보다 유리한 시작이었다. 하지만 그는 외식업의 특성을 고려하지 않고 대기업의 관리 방식을 음식점에 적용하려고 했다. 엑셀로 모든 식재료를 관리하였고 직원들의 근무 태도를 평가하였다. 큰 기업의 철저한 관리 방식이 어느 정도는 통할 수 있었겠지만 외식업의 중요한 성공 요소가 빠져 있었다. '내가 누구보다 잘 아는 대기업 관리 방식으로 음식점을 하면 당연히 잘될 거야'라는 마인드가 음식점에는 맞지 않았다. 결국 그 음식점은 오래가지 못했다.

실제로 외식업은 사람 관리가 중요하다. 음식을 조리하는 주방장과 홀을 담당하는 서빙 담당, 일용직 근로자 등이 제공하는 서비스가 손님들을 끌어들이는 요인이다. 음식은 당연히 맛있어야 하고 고객과의 접점에 있는 직원들의 친절과 노력이 외식업의 성공을 크게 좌우한다. 실제로 이 음식점은 일용직과 조리사가 자주 바뀌었다. 외식업에 대한 경험이 전혀 없는 상태에서 제조업의 관리 방식이 제대로 적용될 리 없었다.

근로소득으로 안정적인 수입을 올리면서 동시에 사업소득으로 돈을 벌 수 있는 안목을 키워야 한다. 음식점을 창업한다면 음식점에 대한 안목을 키워야 한다. '음식만 맛있으면 되겠지?' 하는 생각은 위험하다. 음식이라는 재화를 파는 것이 아니라 음식이라는 서비스를 제공하는 것이다. 음식은 당연히 맛있어야 하고 직원들의 관리와 홍보, 배달, 트렌드도 신경 써야 하는 사업이다. 음식점 하나만 봐도 사업이 쉽지 않다는 것을 알 수 있다.

부동산은 수익률을 따져본 뒤 매입한다

돈을 모았다면 불리기 위한 투자를 해야 한다. 투자에 대한 안목은 경험하고 키워나가는 수밖에 없다. 부동산에 대한 안목은 더욱 중요하다. 말 그대로 공부가 필요한 분야이다. 가격이 오르는 아파트를 분석하는 방법, 좋은 땅을 찾는 방법, 상권을 분석하는 방법, 구분 상가 투자 방법 등을 알아야 한다.

특히 부동산 임대업은 잘만 하면 경제적 자유를 얻을 수 있다. 근린상가 등을 통해 부동산 임대소득을 얻을 수 있다. 부동산 임대업은 월세 수입과 시세차익을 목적으로 한다.

부동산 임대는 주택 임대와 상가 임대가 있다. 최근 몇 년간 주택 관련 법이 여러 차례 개정되면서 주택 임대에 대한 이슈가 많아졌다. 서울 및 수도권 등 조정대상지역에 2채 이상 주택을 보유한 경우 종합부동산세, 양도소득세 부담이 크다. 주택 임대는 시세차익과 월세 수입이 얼마나 나오는지도 중요하지만 이와 관련된 세금을 알아야 한다. 기껏 투자해서 돈은 벌었지만 세금이 많아서 큰 효과가 없을 수 있기 때문이다.

주택을 임대하기로 했다면 1주택인 경우 기준시가 9억 원 이하이면 세금이 나오지 않는다. 2주택 이상은 월세수입이 모두 과세되고 3주택 이상은 월세수입과 보증금 합계 3억 원이 넘는 경우 세금을 내야 한다. 월세수입 연 2천만 원은 16.5% 정도 세금만 내고 분리과세를 할 수 있고, 그 이상은 다른 소득과 합해서 세금을 내야 한다. 정리하면 주택 임대로 월세를 받거나 전세를 내는 경우 세금 부담이 있다. 꼭 주택 임대를 위해서 주택 관련 세금을 알아야 하는 것은 아니다. 주택 임대도 상황에 따라 세금 계산이 다양하므로 투자하기 전에 공부하고 전문가에게 물어봐야 한다.

6억 원짜리 상가를 취득해서 월세 200만 원을 받기로 했다면 실제로 내 손에 떨어지는 돈은 얼마나 될까? 연수익률 4% 정도면 나쁘지는 않다. 6억 원짜리 상가를 사기 위해 은행에서 대출을 받는다면 감정평가 금액의 70~80% 정도가 될 것이다. 이때 월세가 얼마나 들어오는지에 따라 대출이 더 적어질 수 있다. 3억 원을 고정 이자 3%로 대출받았다면 이자를 매월 75만 원 내야 한다. 상가를 살 때는 취득세와 등록세, 부동산중개수수료 등을 부담해야 한다.

대출을 받아 상가를 구입했다면 월세 200만 원에서 이자 75만 원을 차감한 125만 원의 수입이 생긴다. 1년에 한 번 상가에 대한 재산세와 소득세를 내야 한다. 부동산 임대소득만 있다면 해당 소득에 대해서만 세금을 내면 되지만 근로소득이나 사업소득이 있다면 소득을 모두 합쳐서 세금을 계산한다. 상가를 수리해야 한다면 해당 비용도 관리비로 지출해야 한다. 이래저래 세금과 비용을 차감하면 경험상 대략 2개월치 월세가 없어진다. 정리하면 6억 원짜리 상가를 대출 3억 원을 받아서 사는 경우 매년 약 1500만 원의 수익이 생긴다.

사람들은 부동산 임대소득을 불로소득이라고 한다. 노동하지 않은 하늘에서 떨어진 돈 정도로 생각하는데 나는 동의할 수 없다. 불로소득이라는 말은 부정적인 의미로 사용되는데 부동산 임대소득도 노동과 막대한 자본이 들어간다. 노동만 제공하는 근로소득에 비해 자본을 훨씬 많이 투입해야 벌어들일 수 있는 돈이다.

부동산 임대소득은 자본이 많이 투입되는 만큼 리스크도 크다. 6억 원짜리 상가가 위치한 상권에 공실이 생긴다면 월세를 받을 수 없고, 대출이자를 온전히 감당해야 한다. 매매가 되지 않는다면 투자한 자본금을 모두 잃을 수도 있다. 실제로 과거에 엄청나게 번화했던 거리도 시간이 지나 공실이 속출하기도 한다. 이런 위험은 고스란히 부동산 임대업자가 져야 하므로 리스크가 클 수밖에 없다.

위험하다고 투자하지 않는다면 돈이 생길 리 없다. 근로소득, 사업소득을 벌어들이면서 부동산 임대소득에 대한 안목을 키우고 공부해야 한다. 부동산 임대업으로 폭넓은 수입을 만들 수 있다. 근로소득이나 사업소득 이외에 부수입이 생기는 것이다.

금융소득

금융소득은 이자나 배당소득, 주식투자로 벌어들인 소득을 말한다. 상장주식에 투자해서 벌어들인 소득은 거래세만 조금 내면 모두 내 것이 된다. 가치가 올라도 세금을 내지 않는 유일한 투자 대상이다. 아직까지는 거래 활성화라는 정책적 목적으로 주식투자에 대한 세금을 매기지 않고 있다. 비상장주식이나 대주주의 주식 거래는 차익에 대해 세금을 부과한다.

주식은 단기 투자 또는 장기 투자에 따라 돈을 버는 전략이 다르다. 주식투자로 큰돈을 벌기 위해서는 전문 투자자 수준의 공부가 필요하다. 오랫동안 펀드매니저를 한 사람들도 주식으로 수십억을 벌어 은퇴하는 경우는 흔하지 않다.

금융소득에는 이자소득과 배당소득이 있다. 이자는 내 돈을 맡긴 대가로 받는 것인데 저금리 시대에 이자수익을 벌기가 쉽지 않다. 저축은행 이율이 조금 높아서 5천만 원씩 분산해서 맡겨두는 경우도 있는데 이자로 돈을 불리기는 사실상 어렵다. 배당은 경영실적에 따라 주주들에게 이익금의 일부를 나눠 주는 것인데 한국에서는 배당을 하는 주식이 많지 않다. 실제로 부동산 이외의 자산에 분산투자를 하기 위해 해외 배당주식에 투자하는 경우가 많다.

주식투자에 대한 안목이 필요한 또 다른 이유는 투자 자체의 목적도 있지만 큰 흐름을 따라가는 과정에서 기회를 얻을 수 있기 때문이다. 주식이 떨어지는 이유는 개별 회사의 경영상 이유도 있지만 전체 시장의 요인도 있다. 코로나19가 처음 시작됐을 때 주가지수가 며칠 사이 엄청나게 떨어졌다. 코로나19만 종식된다면 주가가 올라갈 것으로 예상됐다. 사람들은 우량주 위주로 동학개미, 서학개미 운동을 펼쳤다. 이때 주식에 대한 거시적인 안목이 있었다면 동참했을 것이다. '주식으로 돈 벌기 어려워, 주식은 너무 위험해'라고 생각하고 주식에 눈길을 전혀 주지 않은 사람들은 이런 큰 흐름도 잡지 못했을 것이다.

돈의 안목을 키웠다면 전략을 짜라

돈에 대한 안목을 넓혔다면 전략을 짜야 한다. 앞에서 이야기했 듯이 우선 근로소득을 벌어들이면서 사업 자금을 차곡차곡 모아 야 한다. 가장 좋은 것은 근무하고 있는 회사와 관련된 사업을 하 는 것이다. 새로운 사업을 준비하기 위한 시간을 아낄 수 있기 때 문이다. 내가 다니는 회사와 같은 업종의 사업을 시작하기 어렵다 면 내가 잘할 수 있는 사업을 찾아야 한다. 이와 동시에 부동산 임 대소득이나 주식투자에 대한 공부를 게을리하지 않아야 한다.

근로소득으로 모은 돈을 부동산 임대소득을 위한 자금으로 사 용한다면 사업소득을 위한 돈 계획은 더 미뤄야 한다. 근로소득과 부동산 임대소득을 합쳐 사업을 할 수 있는지는 개인적 판단이 필 요하다. 사업에 따라 한 살이라도 어릴 때 하는 것이 유리할 수 있 고, 어떤 사업은 관련 업종의 평판이 먼저 필요할 수도 있다.

돈을 버는 방법은 저마다 다르다. 근로의 방법도, 사업의 종류 도 다양하다. 그러나 돈의 종류를 알고 안목을 키운다면 돈을 벌 수 있는 기회가 더 많아진다. 돈을 벌기 위해서 다른 분야의 돈은 어떻게 생기는지 끊임없이 궁금해해야 한다. 네이버 스마트스토 어는 어떻게 하는지, 쿠팡 파트너스로 어떻게 돈을 버는지, 어떤 음식점이 유독 장사가 잘되는지, 상가는 어떻게 사야 하는지 등 끊 임없이 질문을 하고 답을 찾아야 한다. 그러면 돈 버는 방법이 보 일 것이고 실제로 돈을 벌 수 있을 것이다.

저축은
신박하게

신박한 정리의 돈 버전

저축은 신박한 정리의 돈 버전이다. 부모님 세대에는 저축을 하면 자동으로 투자가 됐다. 학교와 회사에서 저축왕을 뽑아서 상을 주기도 했다. 월급을 받으면 은행 적금에 넣는 것이 '국룰'이었다. 그러나 우리가 살고 있는 저금리 시대에는 저축을 한다고 돈이 불어나지 않는다.

몇 년간 연 0.5%의 저금리가 비슷한 수준에서 유지되고 있다. 인플레이션, 미국의 금리 인상 등의 요인으로 우리나라도 금리 인상을 예상하고 있지만 고용이 불안하고 경기가 좋지 않은 국내 상황을 고려하면 금리가 크게 오르기는 힘들어 보인다. 금리가 오른다고 하더라도 주가 하락에 영향을 미치는 정도이다. 금리 인상이 저축에도 영향을 미치려면 최소한 금리가 3% 정도는 되어야 하는

데 고금리 멸종 시대에 그런 일은 없을 것이다.

앞으로 저축은 투자나 인플레이션을 이기는 수단이 아니다. 그래서 저축은 돈을 모으는 것에만 의미를 두어야 한다. 회사에 취직해 월급을 받으면 적금을 들어야 한다는 것은 부모님 세대의 저축 방식이었다. 이제 저축은 투자가 아니라 돈을 어떻게 모으고 관리하느냐의 관점에서 생각해야 한다.

적금 금리가 적다고 돈을 모두 찾아서 집에 쌓아둘 수는 없다. 당장 번거롭고 대부분의 소비가 카드나 전자결제로 이루어지기 때문에 돈은 어쨌든 은행에 맡겨야 한다. 은행에 들어 있는 돈을 정리하는 수단이 저축이다.

이제 저축은 수납의 역할을 한다. 돈을 정리하기 전에 돈을 어디에 왜 모아야 하는지 정하고 나서 저축을 해야 한다. 돈을 모으는 것 자체가 목적이어야 한다. 돈을 저축이라는 상자에 넣을 때 남들보다 신박하게 정리해야 한다. 곤도 마리에가 쓴《정리의 힘》에서 팁을 얻자면 모든 물건에 자리를 정하는 것이다. 마찬가지로 돈도 자리를 정해두어야 머릿속이 깔끔해진다. 그래서 저축 수납함을 목적에 따라 3+1로 나눈다.

1. 생활의 안전장치를 만드는 저축(생활저축)

2. 투자를 위한 저축(투자저축)

3. 물건을 사기 위한 저축(소비저축)

+1. 지출통장

세 가지 목적으로 나누었다면 저축의 성격에 따라 계좌를 분리하고 계좌마다 금융 상품을 정한다.

- 생활의 안전장치를 만드는 저축은 원금 손실이 없고 언제든지 인출이나 해약 가능한 금융 상품에 넣어둔다.
- 투자를 위한 저축은 약간의 손실을 감수할 수는 있지만 돈을 모으는 것이 1차 목표이므로 비교적 안전한 금융 상품에 넣어둔다. 주의할 것은 투자를 위한 저축은 돈을 불리는 것이 아니라는 점이다. 투자하기 위한 종잣돈을 모으는 것이다.
- 물건을 사기 위한 저축도 입출금이 편한 계좌에 넣어둔다. 이때 지출통장을 하나 더 관리하면 좋다. 소비를 하는 경우 물건을 사기 위한 저축 계좌에서 지출통장으로 옮겨서 결제한다. 이 금액이 커지면 굳이 사고 싶은 것이 없을 경우 투자를 위한 저축으로 옮긴다.

세 가지 저축 통장의 금융 상품 형태는 비슷할 수 있지만 핵심은 저축을 하는 목적별로 나누는 것이다. 정리하면 저축용 계좌 3개와 지출용 계좌 1개로 총 4개가 필요하다. 이제 각 저축을 어떻게 사용할지 살펴보자.

생활저축은 최소 6개월치를 비축하라

한마디로 '생활저축'이라고 할 수 있다. 이 저축을 하려면 필요한 월 고정 생활비가 얼마인지 알아야 한다. 결혼 전이라면 교통비, 식대, 책값, 데이트 비용, 월세 등이 있다. 결혼했다면 교육비와 각종 비용이 추가된다. 최소한 6개월에서 1년 생활비를 저축해놓아야 한다. 나는 6개월치 생활비를 현금성 자산으로 남겨놓는다. 현금성 자산은 유동성이 좋아서 언제든 빼서 쓸 수 있는 돈이다. 같은 유동성 자산이라도 주식같이 손실을 볼 수 있는 곳에 넣어두지는 않는다. 돈이 줄어들면 안전장치가 없어지기 때문이다.

매월 고정 수입에서 각종 고정 비용들을 우선 사용하므로 6개월치 저축 잔액은 유지된다. 이 돈은 최소한의 생활을 지켜줄 수 있다. 예상치 못한 비용이 발생하는 경우 6개월치 비상금을 사용하고 다시 채워놓는다. 예를 들어 집에 있는 시스템 에어컨 여러 대가 고장 나서 수리 비용으로 500만 원 정도의 비용이 필요하다면, 우선 생활저축에서 사용하고 다시 채워놓으면 된다. 이처럼 생활저축은 내 생활과 마음을 안정시켜 주는 든든한 돈이다.

대출이 있다면 더 두꺼운 안전 쿠션이 필요하다. 주택 관련 담보대출이나 전세자금 대출이 있는 경우 매월 내야 하는 원금과 이자의 6개월치를 저축해둔다. 대출을 받아보면 이자 내는 날이 너무 빨리 다가오는 것처럼 느껴진다. 은행에 이자를 내지 못하는 경우 신용에 큰 타격을 받을 수 있고 최악의 경우 재산을 뺏길 수 있기 때문에 매월 대출 원금과 이자를 한 번이라도 내지 못하면 심적

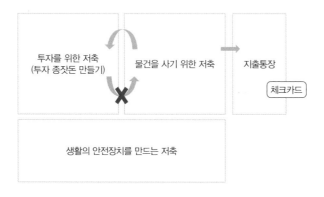

압박이 상당히 심하다.

　여기저기 안전자금을 저축하면 언제 투자하냐고 반문할 수 있다. 그런데 생활저축 금액이 맞춰지지 않는다면 투자할 때가 아닌 것이다. 투자를 하기 위해서는 먼저 마음의 안정을 갖추는 것이 중요하다. 마음이 편한 상태가 되어야 투자할 수 있는 시야도 넓어진다. 간혹 빚내서 주식투자를 하다가 빚이 불어나거나 파산하는 경우가 있다. 최소한의 생활을 불가능하게 만드는 것은 투자가 아니라 투기다.

　최소한의 돈은 저축해두고 투자를 해야 한다. 금융위기와 같은 상황이 닥쳐서 수입원이 없어지면 어떻게 생활할 것인가? 위기 상황이 오면 생활저축 금액으로 버텨야 한다. 그만큼의 돈이 나를 지켜주는 것이다. 그러므로 생활저축은 스스로에게 엄격해야 하는 돈이다.

투자저축의 핵심은 목표 금액 달성

생활을 위한 돈을 모았다면 그다음에는 투자를 한다. 투자를 하기 위한 종잣돈을 5천만~1억 원까지 모아두는 곳이다. 투자를 위한 저축은 최대한 인출하지 않아야 한다. 돈을 모으기는 생각보다 쉽지 않다. 돈을 쓰는 것 자체가 즐겁기 때문이다. 돈을 모으는 어려운 과정을 지키기 위해 투자저축을 만드는 것이다. 돼지저금통이 꽉 차기 전에 깨지 않는 것처럼 투자저축은 한번 들어가면 나오지 않아야 한다.

투자를 위한 저축의 핵심은 목표 금액이다. 얼마를 모아야 하는지 금액을 정하는 것은 서두르지 않아도 된다. 우선 투자를 위한 저축을 시작하고 나서 어디에 투자할지 찾아봐도 된다. 다만 목표가 있어야 돈을 모으는 데 도움이 되므로 시간이 너무 걸리면 안 된다. 1억 원 미만의 오피스텔에 투자하기로 했다면 가능한 대출 금액을 확인해보고 나머지 금액을 우선 모으면 된다. 만약 1억 원짜리 오피스텔의 대출이 6천만 원 정도 가능하다면 나머지 4천만 원과 부동산 비용 및 취등록세 등 합게 금액을 목표로 저축하면 된다.

거래처의 한 여자 사장님은 관심사가 오로지 부동산이다. 그래서 돈이 모이는 대로 공장형 상가와 오피스텔을 샀다. 공장형 상가와 오피스텔에 투자하기 위해 저축 목표를 세운 것이다. 공장형 상가를 하나 사서 받은 월세를 모아 바로 옆 호실을 추가로 구입해서, 2개의 호실을 하나로 합쳐 넓은 평수로 만들었다. 공장형 상가는 넓은 호실을 원하는 수요도 꽤 있어 함께 임대를 내고 임대료도

2배 이상 받을 수 있었다.

　주식투자를 위한 저축액을 설정하는 것이 부동산에 비해 쉬울 수 있다. 다만 방식이 조금 다르다. 예를 들어 적금 형태로 주식에 투자하기로 했다면 투자를 위한 저축을 함과 동시에 투자가 되는 것이다. 투자 저축액을 바로바로 주식계좌에 넣어 주식을 사면 되기 때문이다. 월수입에서 생활을 위한 저축을 제외하고 남은 돈으로 주식을 사 모으는 전략이다. 이렇게 되면 투자저축 통장은 잠깐만 필요하고 주식계좌가 투자저축 통장이 될 것이다. 주식을 장기 투자하는 하나의 방법이 될 수 있다.

　주식으로 단기 투자를 하려면 어느 정도의 종잣돈이 필요하다. 100만 원으로 주식투자를 시작하는 경우는 주식을 배우기 위한 교육용 투자일 것이다. 소액은 교육비로 사용하고 실제 투자를 위한 돈을 모아야 한다. 2천만 원을 모아서 주식투자를 하기로 했다면 투자저축액이 2천만 원이 될 때까지 기다려야 한다.

⑴ 매월 100만 원씩 주식투자를 해서 결과적으로 2천만 원을 투자하는 것
⑵ 2천만 원을 모아서 한 번에 주식투자를 하는 것

　투자 금액은 같지만 투자 전략은 다르다. 리스크를 줄이기 위해 종목별, 기간별로 분산투자를 해야 하는데 매월 100만 원씩 주식투자를 한다면 분산투자보다는 집중투자를 하게 될 것이다. 그리

고 매월 주식투자에 투입하는 돈이 한두 달 사이 떨어진 주식의 물타기 용도가 될 가능성이 크다. 반면 2천만 원을 모아서 투자를 한다면 3~4종목 정도 분산투자를 할 수 있으므로 생각해볼 수 있는 전략이 더 많아진다. 매수 타이밍, 종목별 투자 종목이 달라진다.

주식투자를 얼마로 시작할지 정해진 것은 없다. 주식에 1억 원 정도 투자해야 한다는 사람들도 있지만 3억 원 정도 운용하는 사람들에게는 1억 원도 많이 부족해 보인다. 주식은 아주 적은 금액으로도 투자할 수 있으므로 상황에 맞게 융통성 있게 저축을 활용하면 된다. 다만 일정 금액이 모이기 전에는 주식투자를 시작하는 것보다 공부를 하는 기간으로 삼는 것이 좋다.

부동산이든 주식이든 투자저축을 거쳐야 한다. 투자저축의 장점은 목표 금액을 설정할 수 있고 얼마 정도의 시간이 필요한지를 역산할 수 있어 명확하다는 것이다. 투자저축을 통해 투자가 학습이 된다면 돈을 모으는 속도도 빨라질 것이다.

소비저축으로 쓰는 즐거움을 맛보자

물건을 사거나 여행을 가려면 돈이 필요하다. 워라밸을 위한 저축이다. 여유를 가지기 위해 꼭 필요한 돈이다. 소비를 잘하려면 수준을 정해야 한다. 어떤 사람들은 돈을 모으는 것을 소비보다 좋아할 수 있다. 적극적으로 절약하는 사람들은 필요한 물건이 별로 없다. 2년 전 스마트폰도 아직 너무 좋다. 신제품도 기존 제품에서

카메라 성능이 좋아지고 몇 가지 기능이 추가됐을 뿐이다. 스마트 워치가 꼭 필요하지도 않다. 스마트워치가 내 심장박동까지 확인해준다지만 별로 궁금하지 않다.

반면 어떤 사람에게는 소비가 필요하다. 2년 전 스마트폰은 디자인 자체부터 감성이 다르다. 스마트워치로 삶을 풍족하게 만들 수 있다. 절약의 빡빡함과 일상생활의 스트레스를 풀기 위해 소비하기로 했다면 스스로에게 이유를 만들어주어야 한다. 스마트워치를 사서 새로운 습관을 만든다는 계획을 할 수 있다. 스마트워치를 차고 달리는 모습을 상상해보는 것이다.

소비저축은 지극히 개인적인 부분이다. 좋아하는 것이 사람마다 다르기 때문이다. 하지만 소비 자체로 여유가 생길 수 있으니 잘 활용해야 한다. 나는 최신 스마트폰을 그냥 지나치기가 어렵다. 삼성이나 애플에서 최신 스마트폰이 나오면 갖고 싶은 마음에 고민을 한다. 상황에 따라 좀 다르지만 보상판매 방법으로 새로운 핸드폰을 자주 바꾼다. 이번에는 참아봐야지 하다가도 실물을 보고 나면 어느새 내 손에 들려 있다. 주위에서 왜 이렇게 자주 바꾸냐고 하면 기변증에 걸려서 고칠 수가 없다고 한다. 대신 스마트폰을 바꾸기 위해 더 열심히 일을 한다. 기간을 정해놓고 스마트폰 가격만큼 일을 더 해서 고정 수입 이외의 수입을 더 번다. 자기합리화이긴 하지만 이런 소비가 나를 즐겁게 해주는 것은 사실이다. 이렇게 소비저축을 활용해서 새로운 스마트폰 구입을 위한 돈을 추가로 마련한다.

나는 생활저축과 투자저축을 먼저 정해놓고 나머지 금액을 소비저축으로 사용한다. 소비저축은 생활저축과 투자저축 중간 수준에서 융통성을 발휘해 사용할 수 있다. 소비할 것이 없다면 투자저축으로 보낸다. 소비저축을 활용해서 삶의 여유를 누리면 저축할 힘이 더 생긴다. 사야 할 물건과 여행을 정해두고 저축해서 목표를 달성했다면 성취의 기쁨을 느낄 수 있다. 소비저축은 생활저축과 투자저축 사이에서 쿠션 역할을 한다. 주의할 것은 돈을 먼저 쓰고 소비저축을 채워놓는 것은 자제해야 한다는 것이다. 그렇게 되면 소비저축은 무용지물이 되고 어느새 투자저축, 생활저축에까지 손을 내밀게 된다.

앱, 통합계좌관리 서비스로 나만의 정리 방식을 찾는다

어차피 그 돈이 그 돈인 것 같지만 돈을 나눠서 저축하면 눈에 잘 보이기 때문에 더 잘 모을 수 있다. 저축은 투자가 아니라 정리다. 생활저축, 소비저축, 투자저축이 익숙해진다면 하나씩 저축을 늘려갈 수 있을 것이다. 나는 세 가지 저축 이외에 세금을 모아두는 저축이 따로 있다. 세무사의 직업병이다. 수입이 생기면 대략의 세금을 계산해서 따로 저축해놓는다. 세금을 한 번 내고 나면 통장 잔고가 갑자기 없어지고 허탈감이 생길 수 있어서 미리 저축을 해둔다.

저축을 쉽게 해주는 앱이 있다. 공인인증서와 내 정보 몇 가지를 저장해두면 내 돈을 한눈에 보여준다. 뱅크샐러드, 네이버통장, 토스 등 통합계좌관리 서비스인데 은행계좌, 주식계좌, 부동산까지 한꺼번에 실시간으로 자세히 확인할 수 있다.

은행의 통합계좌 서비스를 이용하면 내 계좌를 한 번에 볼 수 있다. 다른 은행의 계좌이체도 가능해서 금융인증서를 하나만 발행해도 된다. 나는 거의 매일 몇 번씩 들어가서 내 계좌를 확인한다. 이렇게 내 돈을 숫자로 수시로 확인하면 저축하는 데도 힘이 된다.

절약은 혼자
비밀스럽게

과하면 불편하다

돈이 사람을 불편하게 만드는 것은 너무 많거나 너무 적기 때문
이다. 흥청망청 돈을 쓰는 사람을 만나면 불편하다. 돈을 너무 쓰
지 않는 사람도 불편하다. 둘 중에 더 불편한 사람은 돈을 너무 쓰
지 않는 사람이다.

절약은 극히 개인적인 부분이다. 절약은 당연히 하는 것이 좋지
만 주위에 알릴 필요는 전혀 없다. 절약은 혼자 실천하는 것인데
다른 사람들이 느낄 정도가 되면 불편해질 수 있다. 돈을 과시하는
것도, 너무 절약하는 것도 좋지 않다.

직장에서 돈을 모아 맛있는 저녁을 먹기로 했는데 나 혼자 저녁
을 먹지 않겠다고 한다면 절약은 할 수 있지만 직장 생활에 적응하
지 못할 수 있다. 동료에게 치약을 조금만 짜라고 하면 잔소리가 된

다. 한여름 전기료가 아깝다고 에어컨을 꺼버리면 업무 효율이 떨어질 수 있다. 절약하려고 넷이서 3인분만 시키면 적어도 한 명은 배가 고플 수 있다.

절약은 다른 사람들이 불편하지 않게 자기 혼자 해야 한다. 의외로 비밀스러운 행위다. 일례로 새 옷을 사지 않아도 유행에 뒤처지지 않는 사람들이 있다. 오래된 옷에 멋진 스카프를 둘러 트렌드를 따른다든지, 모자나 액세서리 등으로 포인트를 준다. 몇 벌로 여러 벌의 효과를 내는가 하면 시장표를 백화점 브랜드로 둔갑시키기도 한다.

절약은 미덕이라는 말도 다시 생각해봐야 한다. 미덕은 아름답고 갸륵한 덕행이라는 뜻이다. 절약을 하면 아름답기는 하지만 자신한테 덕을 쌓는 것인지 상대방에게 덕을 주는 것은 아니다. 세상은 오히려 기브 앤 테이크로 작동한다. 상대방에게 절약한다면 돌아오는 돈도 적어질 뿐이다. 특히 배움에 돈을 아끼는 것은 독이다.

이기적인 절약은 독이 된다

절약은 남의 것으로 하는 것이 아니라 내 것으로, 남에게 피해를 주지 않고 하는 것이다. 자기 집에서는 '전기를 아껴 쓰고 티슈 한 장도 나눠 쓰라'며 절약하면서 다른 사람의 물건은 절약하지 않는 경우가 많다. 학교나 회사의 물건, 공공 화장실 휴지는 펑펑 쓰는 것이다. 내 것이 아니니 절약한다고 돈이 생기지도 않기 때문이다. 회사에서 여름에는 추울 정도로 에어컨을 켜놓고 무릎 담요를 두른다. 겨울에는 답답할 정도로 히터를 켜고 가습기를 산다. 절약을 하려면 내 것이든 다른 사람의 물건이든 모두 아끼는 습관을 가져야 한다.

돈도 내 것이든 다른 사람의 것이든 절약해야 한다. 돈을 존중하는 사람들은 내 것이든 남의 것이든 절약에 차별을 두지 않는다. 다른 사람도 함께 써야 하므로 배려를 한다. 다른 사람의 물건을 함부로 쓰는 사람은 사실상 절약하지 않는 것이다. 단지 돈에 쫓겨 전기료와 생활비에 신경 쓸 뿐이다. 그렇게 되면 돈을 아끼기는커녕 스트레스만 받을지 모른다.

김승호 회장은 《돈의 속성》에서 돈은 인격체라고 말한다. "돈을 함부로 대하는 사람에겐 패가망신의 보복을 퍼붓기도 한다." 내 돈이 아니라고 함부로 쓰는 사람들에게는 돈 자체가 오지 않을지도 모른다. 사람의 마음은 비슷해서 남의 물건과 돈을 함부로 하는 사람을 좋아할 리 없다.

절약이 절약에 머물지 않고 돈으로 이어져야 한다

절약에 대한 두 가지 오해가 있다. 첫째는 절약과 저축을 동일하다고 생각하는 것, 둘째는 절약하면 돈에 대해 잘 알고 있다고 착각하는 것이다. 절약은 물건을 아껴서 결국 돈을 아끼는 것이다. 절약은 자신과의 약속이고 계획이다. 절약은 당연히 해야 하는 것이고 절약한 돈을 어떻게 써야 하는지를 정하기는 어려운 일이다. 절약은 돈을 쓰기 전 준비 과정이고 절약을 해서 모은 돈을 저축할지, 투자를 할지, 똑똑하게 쓸지 생각해야 한다.

과거에 돈을 모으는 방법의 정석은 절약해서 저축하는 것이었다. 은행의 이율이 높았던 시대에는 절약이 저축이 되고 투자가 되었다. 고정 수입의 대부분을 은행적금에 넣어두기만 하면 돈이 저절로 불어났다. 지금은 정기적금 이율이 1% 내외인 것을 감안할 때 물가상승률에도 못 미치므로 은행에 적금을 넣는 것은 실제로는 손실을 보는 일이나 마찬가지다. 절약은 불필요한 소비를 막아 저축을 늘리는 데 의의가 있다.

절약을 하면 돈을 잘 안다고 착각하는 경우가 있다. 절약해서 부자가 되는 방법을 공유하는 카페의 글을 보면 대단할 정도로 절약을 한다. 배울 점도 많다. 하지만 너무 극단적인 삶을 사는 사람들도 있다. 예전에 TV에서 전기를 아끼기 위해 창으로 들어오는 가로등 불빛 아래서 책을 읽고, 난방을 켜지 않는 대신 스키복을 입고 잠을 자는 사람을 보았다. 이렇게 절약해서 아파트 몇 채를 가졌지만 결혼을 하지 못하고 혼자 살고 있었다. 그분의 행복을 판단할 수는 없지만 삶의 질, 풍족한 삶이라는 측면에서는 부족해 보였다. 그야말로 절약이 목적이 된 삶이다.

부자가 되는 더 빠른 방법은 절약이 아니라 돈을 벌고 불리는 것이다. 많은 부자들이 절약을 하지만 절약만으로 부자가 된 사람은 없다. 절약은 투자 방법이 아니라는 생활 습관이다. 부자들은 절약을 해서 부자가 된 것이 아니라 단지 절약하는 습관을 갖고 있는 것이다. 기획력, 동기부여, 실천력 등 부자가 되기 위한 여러 가지 자질 중에 하나가 절약일 뿐이다. 부자들은 돈을 그만큼 소중하게 여긴다.

절약을 잘한다고 돈을 잘 아는 것이 아니다. 절약은 돈을 모으는 시작일 뿐 끝이 될 수 없다. 절약을 한다고 해서 돈을 잘 안다고 착각한다면 돈을 벌기 위해 어떤 것도 시작하지 못할지 모른다. 절약에 집착하는 것은 투자에 걸림돌이 될 수 있기 때문이다. 그래서 절약은 비밀스럽고 은밀하게 해야 한다. 절약은 자기만족이고 돈을 모으기 위한 행동 방식이다.

절약은 돈 벌 시간을 단축하고 돈 벌 기회를 높여준다

절약은 시간을 단축하는 것이다. 월급 300만 원을 받아 150만 원은 생활비로 쓰고 150만 원을 저축하기로 했다고 하자. 5천만 원을 모아서 1억 원짜리 오피스텔에 투자하기로 했다면 그 돈을 모으는 데 34개월 걸린다. 절약을 해서 매월 200만 원씩 모은다면 25개월이 걸린다. 9개월이라는 짧지 않은 기간을 단축할 수 있다. 9개월 후 대출 5천만 원을 받아 오피스텔을 산다면 차이는 더 벌어질 것이다. 오피스텔을 임대해서 월세 40만 원을 받고 매월 이자 10만 원을 낸다면 순수입 30만 원이 쌓인다. 숫자로 계산해보면 다음과 같다.

| 절약의 힘(시간편): 1억 원짜리 오피스텔 투자 |

50만 원 절약할 때 비교	150만 원씩 저축	상황	200만 원씩 저축	상황
25개월 후	3,750만 원	계속 저축	5천만 원	5천만 원 대출, 1억 원짜리 오피스텔 구입
34개월 후	5,100만 원	5천만 원 대출, 1억 원짜리 오피스텔 구입	6,800만 원	200만 원 9개월 저축
월세 순수입 (26~34개월)	–	월세 순수입 없음	270만 원	월세 순수입
총재산	1억 원짜리 오피스텔 + 100만 원 (5천만 원 대출)		1억 원짜리 오피스텔 + 2,070만 원 (5천만 원 대출)	

매월 150만 원씩 저축하는 경우와 200만 원씩 저축하는 경우를 비교하기 위해 총기간을 34개월로 동일하게 계산했고 대출도 동일하게 5천만 원을 받는다고 가정했다.

⑴ 150만 원씩 저축하면 34개월 후 약 5,100만 원이 생기고 5천만 원을 대출받아 오피스텔을 살 수 있다.

⑵ 200만 원씩 저축하면 25개월 후 5천만 원 대출을 받아서 오피스텔을 살 수 있다.

+1) 34개월까지 200만 원을 모은다.

+2) 26개월부터 월세 순수입 30만 원이 생긴다.

50만 원씩 더 절약해서 200만 원씩 모을 수 있다면 9개월의 시간을 단축할 수 있다. 9개월이 지난 34개월 후의 시점을 기준으로 생각하면 그사이 월세 수입을 더 얻을 수 있다. 매월 50만 원씩 절약했을 때 34개월 후 1,970만 원이라는 차이가 발생한다. 이렇게 절약은 시간을 단축하여 돈을 만들어준다.

또한 절약은 기회를 얻기 위한 준비다. 절약해서 돈을 모아두었다면 투자를 하거나 사업 결정을 할 때 선택의 시간을 단축할 수 있다. 절약은 행동 방식이므로 평소에 실천해야 하지만 절약을 더할지 말지 선택해야 할 시간이 있다. 2020년 코로나19의 상황이 심각해져 모든 주식 가격이 절반 이상 떨어졌다. 전 세계가 코로나19라는 상황을 처음 맞으면서 여러 가지 부정적 평가가 많았기 때문에 주식이 폭락할 수밖에 없었다.

주식을 잘 알지 못하는 사람들도 '코로나19가 내년이나 몇 년 후 좋아지면 삼성전자 주식은 오르지 않을까'라고 생각했다. 비슷한 생각을 한 사람들이 동학개미운동으로 삼성전자 주식을 샀다. 사실 코로나19 직전 삼성전자 주가가 6만 원 전후일 때도 너무 많이 올랐다고 생각했다. 그런데 코로나19가 터지자 4만 2천 원까지 떨어졌다. 이때 절약으로 돈을 모아둔 상태라면 동학개미운동에 참여할 수 있었을 것이다. 주식을 잘 알지 못하더라도 한국의 시가총액 1위 기업 삼성의 주식 정도는 공부하고 투자할 수 있었을 것이다. 돈이 있었다면 코로나19 이전에 삼성전자가 6만 원 정도 했으니 투자할 용기가 생겼을 것이다. 돈을 모아 주식투자를 해야겠다고 마음먹고 있는 찰나에 거시경제 부분의 충격으로 주가 하락이 있었고 어느 정도 상승이 예상된 상태라면 기회가 생긴 것이다.

25개월째 삼성전자 투자	150만 원씩 저축	200만 원씩 저축
25개월 후 투자금액	3,750만 원	5천만 원
삼성전자 5만 원 매수, 8만 원 매도	6천만 원	8천만 원
차이	2천만 원	

결과론적인 이야기일 수 있지만 절약을 해왔다면 빚투를 하지 않고 좋은 기회를 잡을 수 있었을 것이다.

앞의 예로 계산해보면 25개월째에 삼성전자에 투자하기로 했다면 200만 원씩 저축한 경우는 5천만 원을 투자할 수 있지만 150만 원씩 모은 경우에는 3,750만 원을 투자할 수 있다.

절약은 돈을 모으고 있는 중에 기회를 붙잡을 수 있는 기초가 된다. 작은 차이일지 모르지만 결과는 크게 나타날 수 있다. 절약은 시간도 단축하고 기회를 포착하게 해준다. 하지만 절약 자체가 목적이 되어서는 안 된다. 그리고 가장 중요한 것은 비밀스럽게 절약하되 집착하지 말고 자연스럽게 습관을 만드는 것이다.

돈을 주변과
나눠라

돈은 '흐르고' '회전해야' 가치 있다

돈이 돌아야 나라의 경제가 잘 돌아가고 국가는 부자가 된다. 기업은 생산을 하고 소비자는 소비를 한다. 잘 팔리는 물건은 더 많이 생산하기 위해 기계를 설비하고 공장을 세운다. 많이 생산된 제품이 모두 소비된다면 기업은 계속 성장한다. 기업이 성장하면 직원을 많이 뽑아야 하고 직급이 올라간 직원들은 월급을 많이 받는다. 기업이 벌어들인 돈은 직원들의 연봉으로 지급되고 늘어난 수입으로 소비를 한다. 돈이 계속 돌면서 기업과 소비자는 함께 부자가 된다. 돈이 빠른 속도로 돌수록 더 빨리 부자가 되는 것이다.

부유층의 경제활동으로 소비가 늘어나고 연관 산업이 성장해 국가 전체의 부가 증가하는 현상을 적하 효과(낙수 효과)라고 한다. 대기업의 매출이 증가하면 하청업체 및 관련 업체의 일이 늘어나고 소득이 많아진다. 덩달아 여러 업체들 주변 음식점도 잘된다.

부자들의 돈이 부자들만 배불리게 하고 경제 발전에 아무런 효과가 없다는 반론에서 등장한 이론이 소득주도성장이다. 부유층이나 대기업의 소득이 전달되는 효과가 낮으므로 가계의 소득을 직접 늘려야 한다는 것이다. 가계의 소득이 늘면 소비가 많아질 것이고 소비가 생산을 진작하여 기업의 생산도 늘어나 경제 성장을 이끈다는 논리다.

낙수 효과와 소득주도성장은 소득이 어디에서 늘어야 하는지에 따라 반대 개념으로 설명하기도 한다. 두 이론은 정치적 해석까지 더해져 각각의 효과와 장단점을 판단하기 어렵다. 조금 비판적으로 이야기한다면 시간이 지난 후 실험 대상이 된 일반 소비자들의 삶이 좋아졌는지에 따라 평가될 것이다.

두 이론 중 어느 것이 맞는지에 대해 설명하려는 것이 아니다. 반대로 해석하고 있지만 두 가지 개념이 돈에 대해 공통적으로 이야기하는 것이 있다. 바로 '돈이 돌아야 한다'는 것이다. 돈이 위에서 아래로 흐르든지 혹은 아래에서 순환이 되든지, 어떻게든 순환이 이뤄져야 부자가 된다.

돈은 넘치는데 회전이 되지 않는다는 이야기를 들어봤을 것이다. 경제 전문가들이 최근 한국의 상황을 회전이 되지 않는다고 해석한다. 경기가 좋다는 것은 돈이 생산적인 곳에 투자되고 쓰인다는 의미다. 하지만 돈이 갈 곳이 없다고 한다. 낮은 금리로 대출받을 수 있더라도 좋은 투자처를 찾기 어렵다. 투자를 하지 않으니 돈이 순환되지 않고 쌓이기만 하는 것이다.

한 가지 더해 돈의 순환만으로 부족하다. 순환의 속도가 중요하다. 투자된 돈이 얼마나 빨리 회수되는지가 중요하다. 1억 원을 투자해서 3년 만에 원금 이상의 수입을 버는 것과 10년 후 원금을 버는 것을 비교하면 당연히 회수 기간이 짧은 것이 좋다.

좋은 사람을 만날 때 쓰는 돈은 반드시 돌아온다

거시적으로 생산과 소비로 이어지는 돈의 순환이 중요한 것처럼 가장 작은 경제 단위인 개인에게도 돈의 순환이 중요하다. 개인 차원에서 돈의 순환은 소비와 투자를 나누어 생각해야 한다.

돈의 소비적 회전은 눈에 보이지 않는다. 투자한 돈에 비해 얼마나 벌리는지는 계산할 수 있지만 소비는 돈을 한번 쓰고 나면 어떤 혜택이 돌아오는지 계산하기 힘들다. 돈의 소비적 회전은 주로 사람을 만날 때 이루어진다.

부자가 되기 위한 요소 중에 주변 환경과 지인을 꼽을 수 있다. 주변에 나보다 나은 사람이 많다면 어느새 나도 더 나은 사람이 된다. 반대로 주변에 온통 의욕이 없고 비관적인 사람뿐이라면 우리는 발전하기 힘들 것이다. 주변에 좋은 사람을 많이 만들고 오래 사귀기 위해서는 돈의 힘을 빌려야 한다. 부자에게 점심을 사라는 말도 이런 의미에서 나온 것이다.

좋은 사람을 만나서 돈을 현명하게 쓴다면 자연스럽게 돈은 다시 돌아오게 마련이다. 무조건 저녁을 사고 무언가를 결제하라는 말이 아니다. 사람을 만나는 데 돈 때문에 주저하지 말라는 의미다. 특히 새로운 사람을 만나는 데 돈을 아끼는 것은 금물이다. 사람을 만나는 데 돈을 아낀다면 좋은 사람을 주위에 둘 기회조차 만들 수 없다.

그렇다면 좋은 사람인지 어떻게 알 수 있을까? 경험해보는 수밖에 없다. 좋은 사람인지는 만나봐야 알 수 있다. 우리는 비슷한 사람들끼리 교류하게 되어 있다. 낭비가 심한 사람은 절약하는 사람과 친구가 되기 어렵다. 심보가 고약하고 이용하려는 사람은 누구나 알아차린다. 어떻게 보면 비슷한 관계에서 서로 단점과 장점을 보충하는 것이다. 좋은 사람을 만나서 쓰는 돈은 반드시 돌아온다. 실제 돈으로 돌아오지 않더라도 돈을 더 많이 버는 데 도움이 된다.

돈도 나누고 사람도 나눠라

말콤 글래드웰은 《티핑포인트》에서 사회적 유행의 추진력에 대해 이야기한다. 사회적 유행은 소수의 예외적인 사람들의 활동을 통해 시작된다고 한다. 소수의 사람들이 얼마나 사교적인지, 얼마나 에너지가 넘치는지, 얼마나 영향력이 있는지 같은 요소들이 작용한다는 것이다. 또한 함께 무언가를 할 때 서로 비슷한 사고방식을 갖고 있는 사람들과 친구가 되는 경우가 많다고 한다. 우리가 주의를 기울여 친구를 만드는 것이 아니라 작은 물리적 공간을 공유하는 사람들과 어울리다 보면 친구가 되는 것이다.

앞에서 말한 것처럼 좋은 사람을 만나서 쓰는 돈을 아끼지 말아야 한다. 고수는 여기에서 그치지 않는다. 좋은 사람을 만나서 돈을 쓰는 것에 더해 주위의 좋은 사람을 공유한다. 사람들을 만날 기회를 만들고 좋은 사람을 친구로 만들어야 한다. 개인적으로 친분을 쌓는 데 그치지 말고 한 단계 더 나아가 주위 사람들을 끌어모으는 역할을 해야 한다. 주위에 좋은 사람이 있다면 좋은 사람들과 공유해야 한다. 여기에서 공유는 좋은 사람들과 함께한다는 뜻이다. 작은 모임이라도 이끌어가는 키맨이 있다. 사교 모임이든 스터디든 사람을 소개하고 모으는 사람이 키맨이다. 스스로 사람들과의 만남에서 키맨이 되어야 한다.

사람들은 저마다 성격에 따라 사람들을 만나는 방식도 다르다. 개별적으로 친하게 지내지만 서로 모르는 사람들끼리 소개하는 것은 부담되는 일이기도 하다. 하지만 좋은 사람들을 서로 만나게 해주면 의도했든 의도하지 않았든 좋은 일이 더 많이 생길 수밖에 없다. 사람 관계의 파이를 키워서 기회를 만드는 것이다.

부자들은 행운이 따라줬다거나 기회가 좋았기 때문에 부자가 될 수 있었다고 말한다. 어떤 사람을 만나거나 어떤 기회가 찾아와서 큰돈을 벌었다는 것이다. 부자가 될 수 있는 행운과 기회를 빨리 얻으려면 사람들을 많이 만나야 한다. 결과적으로 보면 부자가 되는 데 중요한 요소 중에 하나가 주위 사람이고 인맥이다. 인맥이라는 말 자체에서도 알 수 있듯이 사람들이 연결, 연결되는 것이다.

사람들은 연결하는 역할을 주도적으로 하면 큰 장점이 있다. 주위 사람들을 소개해주면 좋은 사람들을 만날 기회가 더 많아진다. 모임으로 연결되면 정기 모임까지 발전하기도 한다. 서로 세상 돌아가는 이야기와 정보를 주고받다 보면 거기에서 동기부여와 목표를 얻기도 한다. 사람들은 누가 키맨인지 무의식적으로 기억한다. 시간이 지나도 누가 소개해준 사람인지, 그리고 사람들을 만나서 좋은 기회를 얻었는지 안다. 결과적으로 그런 일들이 쌓이면 키맨으로서 영향력을 가지게 되고 더 탄탄한 인맥과 기회가 생긴다. 주위에 지인이 많을수록 사회적 힘이 강해지는 것이다.

인맥의 중심(키맨)이 되어야 한다

기회를 얻는 가장 좋은 방법은 인맥이다. 최근 많은 기업들이 공채를 줄이고 경력직을 뽑고 있다. 대기업 공채를 없애고 경력직 채용으로만 뽑는 회사들도 늘었다. 최근 330개 기업을 대상으로 설문조사한 결과 경력직을 신입보다 우선 채용한다고 응답한 기업은 53.3%였다. 경력직을 선호하는 이유는 바로 업무에 투입할 수 있기 때문이다. 이런 경력직으로 취업하는 루트는 무엇일까? 취업 사이트나 헤드헌터도 있지만 많은 부분이 인맥이다.

업계에 따라 차이는 있겠지만 어떤 회사에서 일을 잘하는 사람은 업계에 소문이 나게 마련이고 그런 좋은 인재를 뽑기 위해 인맥을 동원한다. 반대로 더 좋은 회사에 입사하기 위한 임원 면접 기회도 인맥을 통해서 얻는다. 적재적소에 아는 사람이 있다는 것이 큰 재산이 되는 것이다. 돈을 벌 수 있는 기회를 얻는 데 인맥은 큰 역할을 한다.

사업 분야의 인맥은 더 중요하다. 새로운 거래와 기회가 인맥에서 시작되는 경우가 많다. '기적기획'이라는 온라인 마케팅 회사가 있다. 병원 운영과 홍보를 전문적으로 하는 업체인데 병원의 관리 업무와 진료에 대한 컨설팅까지 전반적으로 아웃소싱하면서 노하우가 많이 쌓여 있다. 이 회사는 병원의 매출 증가로 실력을 검증받아 급성장하고 있다. 이 업체만의 강점은 실제 매출 증가를 위해 마케팅에 그치지 않고 내부 관리 및 지출 관리까지 많은 서비스를 제공한다는 것이다. 병원의 세금을 미리 확인하기 위해 수시로 나와 연락한다. 병원의 매출 증가를 위해 집요할 정도로 노력한다. 질문에 질문이 이어지고 궁금증이 해소될 때까지 물어본다. 돈을 버는 것은 당연하고 사업에 대해 진심이고 열정적이다.

그는 사람들을 연결하는 데 탁월한 재주가 있다. 좋은 사람들을 연결하는 데 그치지 않고 좋은 관계가 될 수 있도록 중간에서 노력한다. 사업에 대해 진심이고 사람에 대해 솔직하기에 사업이 잘될 수밖에 없다. 이러한 키맨을 말콤 글래드웰의 《티핑포인트》에서는 커넥터라고 한다. 커넥터들은 단순히 사람들을 많이 아는 것이 아니다. 그들이 알고 있는 사람들의 유형도 다양하다. 거기에 호기심, 자신감, 사교성, 에너지가 조합되어 키맨의 역할을 한다. 다른 세계에 발을 들임으로써 사람들을 한데 모으는 효과가 있는 것이다.

키맨이 되면 인맥의 중심이 될 수 있다. 처음 누군가를 소개해준 사람은 기억하기 때문이다. 사업적으로 돈이 되거나 거래처를 소개해주는 것뿐 아니라 좋은 사람을 같이 만나는 자리를 적극적으로 마련한다. 그 사람에 대한 믿음이 있기에 처음 보는 사람에게도 좋은 이미지를 가질 수 있다. 그렇게 해서 좋은 사람들이 쌓이고 사람들을 연결하는 키맨 역할을 할 수 있게 된다. 인맥의 중심에 선다면 탄탄한 지인들이 쌓여 성공하는 데 큰 재산이 될 것이다.

감사의 표시를 돈으로 하라

사람의 마음을 돈으로 환산할 수는 없다. 하지만 돈으로 다른 사람의 기분을 좋게 할 수 있다면 아끼지 말아야 한다. 카카오톡에 그날 생일인 친구와 지인이 표시된다. 거래처 직원의 생일이 뜨는 경우 고민이 된다. '거래처 대표도 아니고 직원의 생일까지 챙겨야 하나?' 하는 생각이 들 것이다. 조금 애매한 경우라면 내가 선물을 받았을 때를 생각해본다. 거래처 직원에게 선물을 받는다면 부담스러울까 아니면 기분이 좋을까?

내가 선물을 받았을 때 부담스럽다기보다 기분이 좋을 것 같다면 거래처 직원에게도 커피 쿠폰같은 소소한 선물을 보낸다. 상대방도 나를 비슷한 생각을 하고 있을 것이다. 선물을 한다고 해서 당장 무언가를 바라는 것이 아니다. 선물받은 사람의 기분이 좋아지면 그뿐이다. 중요한 것은 그 기분이 금방 없어지지 않는다는 점이다. 우리와 일을 하면서 협업이 좀 더 잘될 것이고, 나를 호의적인 사람으로 평가할 것이다. 적은 돈으로 좋은 사람이 될 수 있다. 결정적일 때 '지난번에 내 생일도 챙겨주셨지!' 하고 되새길 것이다.

결혼식 축의금을 얼마를 할지, 조의금은 어떻게 할지, 돈을 덜 내고 절약을 해야 하는지, 돈을 좀 더 내고 자존심을 지켜야 하는지 고민하게 된다. 축의금을 더 내도 좋을 것 같다는 생각이 조금이라도 든다면 흔쾌히 돈으로 상대방의 마음을 사야 한다. '돈으로 사람의 마음을 살 수 있다면 무조건 싼 것이다.' 장난스러운 말이지만 '감사의 표시는 돈으로 해라', '인사를 갈 때는 두 손 무겁게 가야 한다'는 말이 있다. 호의로 베푼 돈이 언젠가 두세 배의 기회로 돌아올 것이다.

돈은 반드시 돌아온다고 믿어라

투자의 순환은 투자처를 찾는 것이다. 돈을 벌고 모으고 있다면 투자할 곳을 끊임없이 찾아야 한다. 요즘 부동산 투자로 평균 수익률 3~4% 정도면 아쉽기는 하지만 은행이자보다 높으므로 투자를 고민해볼 만하다.

20대 거래처 사장이 있다. 그는 젊은 나이에 음식점에 뼈를 갈아 넣어 성공했다. 피자네버슬립스라는 이름에서 알 수 있듯이 잠을 자지 않고 운영한다. 코로나19 이전에는 새벽까지 영업을 했다. 꽤 유명한 맛집으로 소문이 나기도 했다. 그는 젊은 나이에 돈을 벌었다고 멈추지 않았다. 돈을 더 많이 회전시켰다. 동일한 상호로 핫플레이스에 직영 음식점을 몇 군데 더 오픈해서 성공시켰다. 하지만 계속 성공만 하는 것은 아니었다. 몇 개의 사업은 큰 성공을 보지 못하고 실패했다. 하지만 돈을 그냥 묵혀두지 않았다.

최근에는 조금 다른 콘셉트의 카페와 와인 음식점을 새로 시작했다. 여기에는 새로 개발한 피자 메뉴도 선보였다. 이 젊은 사장은 돈을 끊임없이 투자해서 회전시킨다. 매장마다 이동 거리도 상상을 초월한다. 파주에도 사업체가 있는데, 서울 청담동에도 새로 오픈했다. 항상 다음 사업을 구상하는 것처럼 보인다.

물론 무조건 돈을 쓴다고 사업이 되는 것은 아니다. 하지만 실력이 있어도 돈을 회전하는 데 두려움이 있다면 돈은 벌리지 않을 것이다. 노하우와 경험을 믿고 돈을 회전시켜야 한다. 돈을 쓰면서 투자와 사업에 대한 폭넓은 경험을 할 수 있고, 성공 또는 실패의 경험이 다음 단계로 나아가게 해줄 것이다.

돈의 회전은 눈에 보이는 투자로만 이루어지는 것이 아니다. 사람들과의 만남이 많아질수록 돈이 돌아올 확률이 높아진다. 매번 내게 도움이 될까 고민할 필요 없다. 경험상으로 보면 나와 거래할 것 같은 사람은 연락이 오지 않고 오히려 뜻밖의 사람들과 좋은 관계를 맺는 경우도 많다. 돈이 되는 거래와 만남은 내가 선택할 수 있는 것이 아니다.

리스크와
한방을 써라

돈을 벌기 위해 투자하라

몇 가지 돈에 관한 진리 중에 유명한 것이 있다. '하이 리스크, 하이 리턴.' 초기 투자금이 많을수록 감당해야 할 위험도 많다. 근로소득으로 번 돈을 모아서 처음으로 주식투자를 한다면 어디에 해야 할까? 위험은 크지만 단기간에 괜찮은 수익을 낼 수 있는 주식에 투자해야 할지, 아니면 안전한 은행 정기예금을 들어놔야 할지 선택해야 한다. 친한 친구가 너만 알고 있으라며 알려주는 주식이 오른다면 큰 수익을 얻을 수 있지만 종잇조각이 될 수도 있다.

어느 정도 사업이 되면 투자에 대한 고민을 하게 된다. 약간의 딜레마 같은 것이다. '돈 벌어서 투자해야지'와 '돈 벌기 위해 투자해야지'는 처음부터 다를 수밖에 없다. 두 가지 생각 중에 리스크가 높은 것은 '돈 벌기 위해 투자하는 것'이다. 보수적으로 수입에 맞게 투자해야 하는 것인지, 또는 투자를 해야 수입이 늘어나는 것인지에 대한 고민이다.

서울 영등포구 문래동에 철공소 거리가 있다. 1960년대 경제개발 5개년 계획에 따라 영등포구 일대가 산업단지로 개발되었다. 대부분 철공소와 철강업체 점포, 정공업체가 들어섰다. 지금도 많은 업체들이 남아 있어서 거리를 지나가면 철 냄새가 코를 찌른다. 1970년대와 1980년대를 지나오면서 공장들이 더 많이 밀려들어왔다. 지금은 철공소 풍경이 힙스럽기도 하고 멋스럽게 느껴져서 사진 찍는 사람들이 늘어나고 예쁜 카페가 꾸준히 생겨나고 있다. 정공이라는 작업이 예술적인 면이 있어서 그런지 젊은 신흥 예술가들이 문래동으로 모여들고 있다. 철공과 예술의 조합이 이루어지는 곳이다.

리스크를 두려워하지 마라

문래동 철강단지는 규모가 크지 않았다. 그래서 반월공단이나 시화공단 등 경기 지역과 인천에 대단위 산업단지가 새로 조성되면서 문래동의 많은 철강업체들이 그곳으로 이전했다. 문래동은 대부분 건물이 단층으로 되어 있어 공간이 협소하다. 그래서 업체마다 작은 한 칸의 공간에서 소규모 정공 작업을 위주로 할 수밖에 없었다. 이때 몇몇 업체는 리스크를 안고 시화 등 큰 산업단지로 옮겨 갔다.

오랜 거래처 사장님도 이때 남동공단에 자리를 잡았다. 이 회사는 주로 자동차 엔진에 들어가는 부품을 만들어 납품했다. 정공의 특성상 규모가 큰 기업의 발주를 받으려면 큰 기계 설비를 보유해야 하고 정밀하고 숙련된 기술도 필요하다. 중견 기업 이상에 납품하려면 품질 면에서 뛰어나야 하기 때문이다.

　사장님은 문래동에서도 사업이 잘되고 있었으므로 굳이 멀리 남동공단까지 갈 필요가 없었다. 하지만 회사의 규모를 키우기 위해서는 당장 큰 기계와 공장이 필요했다. 이전하려면 대출을 많이 받아야 하고 운영자금도 대출로 조달해야 하는 리스크가 있었다. 하지만 높은 기술력을 바탕으로 매출을 성장시켰다.

　많은 사람들이 경기가 좋지 않아 먹고살기 힘들다고 하지만 그분은 최근에 공장을 한 곳 더 늘렸다. 전기차 관련 수주가 많아질 것을 예상하고 일본에서 첨단기계를 들여와 추가로 공장이 필요했던 것이다. 이번에도 큰 투자를 해야 하는 리스크가 있지만 오랜 경험과 관련 분야의 기술력으로 최근 몇 년간 매출이 급성장하고 있다.

　이 사장님은 문래동에서 남동공단으로 이전이라는 리스크를 이겨냈다. 그리고 내연 엔진 시대에서 전기차 시대로 변화하는 리스크를 한 번 더 감당하고 있다. 그는 '기계를 산 것이 효자'라고 하지만 리스크 관리 능력과 결정이 크게 작용한 것이다. 문래동에서 계속 사업을 했더라도 기술력이 뒷받침되어 있으므로 크지는 않지만 그럭저럭 잘 운영했을 것이다. 하지만 리스크를 감당했고 큰 성장을 이뤘다. 동네 사업에서 건실한 중소기업으로 발전하는 것은 리스크를 감내했는지의 차이다.

위험이 두렵다고 결단도 행동도 하지 못하면 현상 유지만 할 뿐이다. 부자가 될 수 있는지는 리스크를 감당할 수 있는지에 따라 결정된다. 많은 돈을 번 사람들은 위험을 부담한 대가를 얻은 것이다. 주의할 것은 한탕주의와 구분해야 한다는 점이다. 위험에 대한 대가를 얻은 사람들은 위험한 결정을 하기까지 많은 노력과 분석을 한다. 하지만 한탕주의는 그냥 질러보는 마음으로 도박하는 것이다. 성공하는 과정에는 리스크가 따르기 마련이므로 관리하고 이겨내는 방법을 알아야 한다.

위기를 관리하는 방법 : 플랜B, 플랜C의 마법

모든 일이 계속 성공하면 좋겠지만 위기는 닥치게 마련이므로 극복하는 방법도 알아두어야 한다. 위기를 잘 넘긴다면 다시 성공할 수 있는 기회와 더 큰 행운이 올 것이다. 큰 위기를 넘기지 못해 돈을 잃고 가족이 어려움을 겪는다면 돈에 허덕이면서 살아야 할지 모른다.

우선 위기를 나눌 수 있어야 한다. 시장 전체의 위험인지 개별 위험인지를 판단하는 것이다.

팬데믹, 금융위기, 서브프라임 모기지 사태 등은 시장 전체의 위험이다. 나만 힘든 것이 아니라 많은 사람들이 힘든 시기다. 이런 위기는 내가 컨트롤할 수 없다. 금융위기 때 많은 기업들이 주가 폭락에 대처하지 못하고 붕괴되는 것을 간접적으로 경험했다.

시장의 위험을 줄이는 방법은 큰 틀에서 안전자산과 위험자산을 분배하는 것이다. 모든 자산을 주식에만 투자할지, 주식과 부동산에 배분할지, 주식과 부동산 그리고 현금자산을 골고루 보유하고 있을지를 판단해야 한다.

그리고 내가 지금 하는 일이 경기에 민감한 일인지에 대한 판단도 해야 한다. 근로자들은 경기가 좋지 않을 때 해고 위험이 있으므로 나름대로 부수입을 얻거나 사업 준비를 해두어야 한다. 사업을 하고 있다면 버틸 수 있는 자원을 비축해두어야 한다. 앞에서 말한 최소 6개월 정도의 생활비나 대출 원금과 이자를 갖고 있다면 큰 도움이 될 수 있다.

개별 위험은 시장 위험과 성격이 좀 다르다. 이것은 내가 선택하는 것이고 어느 정도 관리할 수 있는 영역이다. 개별 위험의 상당 부분을 극복하고 관리하는 방법이 있다. 플랜B, 플랜C를 미리 세우는 것이다. 위기 관리란 위험을 사전에 예상하고 준비하는 것이다. 진짜 위기는 예상치 못한 일이 발생해서 대처하지 못하는 경우 생긴다. 그런데 플랜B, 플랜C를 미리 세워두면 대처 가능한 위기가 될 것이다. 대처 가능하다면 극복할 수 있다. 플랜B와 플랜C의 상황을 예상하고 어떤 일이 일어날지 가정해서 또 다른 계획을 구체적으로 세워야 한다.

리스크 관리의 실전

월세가 잘 나오는 구분 상가를 구입하려고 한다. 매매 가격은 12억 원 정도이고 매월 400만 원 정도의 월세가 나온다. 계산해보면 연 4%의 수익률이다. 상가는 임대가 주목적이므로 공실 위험이 가장 크다. 가장 먼저 임대가 잘 나갈지 판단해야 하는데 전철역과 멀지 않은 곳이라면 공실 위험이 상대적으로 적다. 2층이고 창이 도로변으로 나 있지 않다는 것이 단점이지만 대신 조용한 것이 장점이다. 현재는 병원이 임차를 하고 있는데 앞으로 3년 정도 임대 기간이 남아 있다.

구분 상가에 투자하는 이유는 월세 수입 때문이다. 가격이 함께 상승하면 좋지만 아파트나 건물처럼 급격하게 오르지는 않으므로 월세 수입에 따라 가치가 정해지는 경우가 많다. 그래서 월세가 밀리지 않고 공실 위험이 적어야 투자 가치가 있다. 12억 원을 투자해서 앞으로 최소 3년간은 월 400만 원의 수입을 얻을 수 있다. 대출을 받는다면 월세 수입에서 이자를 제하고 계산해본다. 여기까지는 위험 관리가 아니라 투자 결정을 위한 기초 사항을 확인하는 것이다.

기본적인 투자에 대한 판단을 했다면 다음 단계로 플랜B를 생각해야 한다. 임차인이 3년 후에 나간다면 공실 위험이 있다. 전철역이 가까운 편이라 공실률이 적을 것으로 예상하지만 공실이 생긴다면 위기가 찾아오는 것이다. 월세가 나오지 않으면 당장 이자를 갚기 힘들 수 있고 대출상환의 위험까지 생긴다. 3년 후 상황을 예상할 수 없지만 위기 상황을 가정해서 계획을 짜는 것이다.

플랜B는 6개월 정도 공실이어서 은행이자를 내면서 임차인을 구해야 할 경우를 대비해 생활안전장치를 위한 저축을 최소 6개월 치 준비해두는 것이다. 6개월이 지나면 월세를 낮추는 것을 생각해볼 수 있다. 월 350만 원이면 임차인을 빨리 구할 수 있을 것이다. 당장 이자 부담이 크다면 월세를 낮춰서 임대를 빨리 채우는 방법을 고려해봐야 한다. 하지만 수익률이 낮아지고 결국 구분 상가의 미래 매매 가격이 떨어질 수 있다.

플랜C는 임대를 하지 않고 직접 사업을 하는 것이다. 직접 사업을 하려면 최소한 400만 원 이상의 수입을 얻어야 한다. 400만 원 이상의 수입을 얻을 수 있는 사업이 무엇인지 생각해봐야 한다. 사업을 하려면 초기 자본이 필요하므로 앞으로 3년간 얼마 정도 모아야 하는지도 고려해야 한다. 직접 들어가려면 보증금을 돌려주어야 하므로 최소 보증금 이상의 자본이 필요할 것이다. 직접 사업을 해서 400만 원의 수익을 얻을 자신이 없다면 고민해봐야 한다.

플랜D는 공실이 계속되고 대출 연장이 어려운 경우 구분 상가를 매매하는 것이다. 3년 후의 매매 가격이 어떻게 될지 생각해본다. 최소한 구입한 가격에 매매할 수 있다고 판단된다면 3년간 수입을 얻었으므로 손해는 보지 않을 것이다. 매매를 하기 위해 어떤 중개인을 섭외해야 하는지, 3년 후 버스정류장이나 전철역은 변동이 없는지도 생각해볼 수 있다.

대비만 잘하면 리스크는 더 이상 리스크가 아니다

플랜B, 플랜C, 플랜D 등 위기 상황을 최대한 예상해야 한다. 플랜B를 짤 때 중요한 것은 돈으로 계산해보는 것이다. 플랜B를 예상할 때는 월 350만 원에서 대출이자를 빼고 남는 순수입을 생각해야 한다. 그렇게 계산한 플랜B가 실현 가능한지에 따라 계획을 구체화하고 수정한다. 플랜C를 계획한다면 어떤 사업이 가능한지를 알아본다. 카페를 할지 파티룸을 할지, 자본금은 얼마가 필요할지 가상의 계획을 짜본다.

이렇게 플랜B, 플랜C를 세워놓고 상가를 살지를 결정한다. 예상 가능한 위기를 대비해서 실제 위기로 만들지 않는 것이다. 이처럼 위기 관리는 불안을 없앤다. 그리고 불안감을 극복할 수 있다면 옳은 결정을 할 수 있다.

4장

돈, 현명하게
사용하기

돈은 쓰기 위해
존재한다

돈을 어떻게 써야 잘 쓰는 것일까

돈을 어떻게 써야 하는지 알려주는 설명서는 없다. 세상의 이치를 모두 아는 현자라고 해도 돈을 쓰는 법에 대해서는 알려주지 못한다. 개인마다 돈을 쓰는 상황과 생각이 모두 다르기 때문이다. 돈을 잘 쓰는 최소한의 가이드나 기준도 없다. 돈을 다 써버릴 수도 없다. 나름의 성향에 맞게 적절한 수준과 방향을 정하고 끊임없이 수정해나가야 한다. 돈을 어떻게 쓸지에 대한 생각도 함께 해야 한다. 돈은 많이 벌지만 일하느라 쓸 시간이 없다면 그것도 불행할 것이다. 돈을 많이 벌고 있다면 기간을 정해서 최소한 언제까지 정신없이 돈을 벌고 어느 순간부터는 돈을 쓰면서 살지 정한다. 다시 말하지만 돈을 버는 이유는 돈을 쓰기 위해서이고, 돈을 어떻게 쓰느냐에 따라 돈을 모으는 속도와 미래가 달라진다.

돈을 쓰는 수준을 정하는 데 몇 가지 팁이 있다.

첫째, 소비를 하기 전에 지출이 월수입의 몇 퍼센트인지를 생각해본다. 저축액을 크게 줄이면서까지 소비를 하는지 점검한다. 무조건 소비를 하지 말라는 것이 아니다. 내 소비 수준이 감당할 정도인지를 판단해보는 것이다. 눈에 아른거릴 만큼 갖고 싶은 물건이 있다면 소비를 합리화하고 감당할 수 있다고 생각하며 방법을 찾을 것이다. 첫 번째 단계를 거치면 큰 소비를 하기 전에 충동적인 소비를 막을 수 있다. 최소한 소비에 대한 계획을 짜므로 소비를 잘할 수 있다.

둘째, 소비를 하기 전에 가심비를 상상해본다. 소비에는 복잡한 심리적인 요인이 동반된다. 소비를 하면서 느끼는 만족뿐만 아니라 다른 사람의 시선도 신경 쓰기 때문이다. 고급 승용차는 주행 성능과 안전 사양만 좋다고 해서 사는 것이 아니다. 제네시스, BMW, 벤츠는 모두 비슷한 성능을 갖추고 있다. 하지만 실제로 선택하는 기준은 자기만족과 다른 사람에 대한 과시가 크게 차지한다. 차에서 내릴 때 주위의 부러운 시선을 느끼는 하차감이 좋은 차를 고르는 것이다.

돈 쓰는 방법, 현실에 적용하기

월수입 300만 원을 버는 20대 남성이 집을 포기하고 1억 원에 육박하는 외제차를 구입한 이야기가 화제를 모은 적이 있다. A씨의 월수입은 세후 약 300만 원. A씨는 부모님의 도움은 일절 없이 스스로 돈을 벌어서 60개월(5년) 무보증 및 무선납으로 차를 샀다.

그는 차량 유지를 위해 월 리스료 125만 원, 주유비 10만 원, 보험료 연 520만 원 등 도합 월평균 200만 원 가까이 지출하고 있다. 고가의 자동차를 구입한 탓에 프랜차이즈 카페보다는 집에서 인스턴트커피를 마시거나 동네의 저렴한 카페를 이용한다.

A씨는 차량을 구매한 이유에 대해 집은 너무 비싸니 젊은 사람들이 엄두를 내지 못한다며 실제로 즐길 수 있는 차를 사는 것이 낫다고 판단했다고 한다. 이어 고가의 외제차는 나이 들어서 타는 것이 아니라 젊어서 타보자는 생각으로 남들보다는 천천히 브레이크를 밟아가며 미래를 위해 한발 한발 앞으로 전진하고 있다고 생각한다고 덧붙였다.

위 내용은 〈파이낸셜뉴스〉에 소개된 사례이다. 이 내용이 알려지면서 온라인에서 논란이 일었다. 3억 원대 오피스텔에 살면서 1억 원짜리 외제차를 모는 것을 보고 한심하다고 저격한 네티즌의 글이 논란이 되었다. 더 나아가 3억 원대 오피스텔 주차장에 3억 원짜리 포르쉐가 많은 것을 보고 놀랐다고 덧붙였다. 한마디로 허세가 지나치다는 말이었다.

집 대신 차를 선택한 것이라는 의견도 있었다. 수도권 5분위 주택 가격은 15억 원이 넘는다. 4년 만에 2배가 올랐다. 월수입에 비해 지나친 소비라는 우려와 함께 열정을 응원한다는 의견도 있었다.

돈을 어떻게 써야 하는지에 대한 기준이 없다는 것을 가장 잘

대변하는 사례이다. 내가 열심히 번 돈으로 차를 샀는데 무슨 상관이냐고 할 수 있다. 다만 차를 선택함으로써 집을 살 수 있는 기회와 시간은 좀 더 멀어진다. 소비에 대한 여러 의견이 있겠지만 이런 경우는 과한 소비라고 생각하는 사람들이 많다.

지나친 소비에 대해 다른 사람들이 뭐라고 할 수 없다. 하지만 스스로 생각해봐야 한다. 월급이 모두 카드 결제대금으로 나간다면 돈을 모을 수도 불릴 수도 없다. 당장 큰돈을 쓰지 않기 위해 무보증, 무선납으로 했지만 5년 후 상당한 돈을 지불해야 차를 소유할 수 있다. 다행히 A씨는 미래를 위해 더 열심히 살 수 있는 동력을 얻었다고 한다.

돈 쓰는 데도 팁이 있다

돈 잘 쓰는 두 가지 팁을 차 사는 것에 적용해보자. 차를 사기 전에 월 고정 수입과 연수입을 확인해야 한다. 차를 현금으로 사기로 결정했다면 차를 사고 나서 계좌만 확인하면 된다. 내 계좌에 5천만 원이 있는데 4천만 원짜리 차를 사는 것이 좋을지 생각해본다. 당연히 좋지 않다. 계좌 잔액이 한꺼번에 빠져나가는 것을 막기 위해 리스나 할부, 장기 렌트를 알아본다면 리스료가 월수입과 연수입의 몇 퍼센트를 차지하는지 확인한다. 10~20% 정도라면 구매를 결정해도 될 것이다. 월수입의 50% 이상을 차지한다면 아무리 좋은 차라도 부담이 될 수 있다. 당장 기분 좋고 과시할 수 있어도 자칫 리스료를 갚기 위해 살아야 하는 카푸어로 전락할 수도 있다. 그리고 나서 어떤 차를 살지는 가심비를 따져야 한다. 소비를 하고 후회하지 않도록 따져보는 것이다. 수입의 어느 정도를 지출할지 큰 그림을 확인하고 주관적인 소비심리를 만족하는 작은 그림까지 그린다면 현명한 소비를 할 수 있다.

참고로 많은 자기계발서는 돈을 모으기 전에 절대 차를 사면 안 된다고 충고한다. 차는 사치품이고 가치가 줄어들 수밖에 없기 때문이다. 사실 차는 사치품이 아니라 필수품이다. 수준에 맞는 차를 사는 것은 문제없다. 돈을 벌기 위해 사람을 많이 만나야 한다면 차가 필요하다. 시간을 줄이는 것이 곧 돈이기 때문이다. 차를 물건으로만 보면 아깝고 사치품일 수밖에 없다. 하지만 물건의 가치는 떨어져도 경험의 가치는 증가하고 시간을 벌기 때문에 차를 사는 것도 좋은 소비가 될 수 있다.

돈을 모으려면 차를 사지 말라는 것은 자기 수준에 맞지 않는 소비를 하지 말라는 뜻이다. 종잣돈 5천만 원을 모으기로 했는데 덜컥 차를 산다면 그만큼 돈을 모을 시간이 더 걸린다. 고급 승용차는 너무 빛나고 좋다. 미래의 시간을 당장의 유혹과 바꿀지는 잘 생각해봐야 한다. 소비는 수준과 목표로 하는 방향에 맞아야 하고 가심비가 있어야 한다.

절약과 사치는 상대적이다

로또에 당첨된다면, 어느 날 갑자기 나타난 먼 친척이 100억 원을 준다면 어디에 쓸지 상상해본다. 건물을 사서 평생 월세를 받고 살거나 가족들에게 일정 금액을 나눠 주고 나머지는 투자하고 싶다. 돈이 많이 생긴다면 어떻게 쓸지 상상만 해도 즐겁고 너그러워진다.

갖고 싶은 것, 하고 싶은 것이 너무 많다. 그런데 내 수입보다 더 많이 쓸 수는 없다. 부자들이 말하는 돈을 쓰는 방법은 부자가 되고 난 후에 어떻게 쓰느냐 하는 것이다. 돈을 벌기 위해 어떻게 돈을 써야 하는지에 대한 이야기는 거의 없다.

돈을 쓰되 사치하지 말아야 한다. 사치의 기준이 가격으로 결정되지는 않는다. 사려고 하는 물건이 얼마 짜리인지가 아니라 지금 내가 돈을 얼마나 버느냐에 따라 다르다. 월 천만 원 버는 사람에게 100만 원짜리 옷은 사치가 아니다. 하지만 월 200만 원 버는 사람에게 100만 원짜리 옷은 사치일 수 있다. 수입의 절반으로 옷을 사는 것은 과한 측면이 있기 때문이다.

사치스럽다는 말은 부자들을 부정적으로 이야기할 때 많이 쓴다. 부자들의 씀씀이를 가난한 사람이 판단하는 것이다. 다른 사람의 소비를 내 수준에 맞춘다면 사치스러운 일이 된다. 몇 년 전 세계 최고 부자 빌 게이츠가 휴가를 50억 원짜리 호화 요트에서 보냈다고 한다. 요트 안에는 수영장, 영화관, 도서관, 헬스 등의 시설이 갖추어져 있었다. 사치스러운 일이었을까? 빌 게이츠의 총재산에서 0.01%도 안 되는 돈이다. 사람들은 빌 게이츠에게 사치스럽다고 하지 않았고 오히려 너무 검소한 것 아니냐고 우스갯소리를 했다. 사치스러운지 아닌지는 자기 수준에 맞게 쓰느냐로 판단하는 것이다.

사치스러운 소비를 하지 않는다는 것을 전제로 돈을 어떻게 써야 하는지 다시 생각해보자. 꼭 필요한 것을 사야 할까? 사고 싶은 것을 사야 할까? 아니면 물건보다 경험에 돈을 써야 할까? 돈을 어떻게 써야 하는지에 대한 생각은 사람마다 다르다. 하지만 투자가 아닌 소비라 하더라도 돈을 버는 데 도움이 되는 방법으로 돈을 써야 한다.

돈을 똑똑하게 쓰자

회사 면접이나 비즈니스 미팅을 할 때는 외모가 중요하다. 스펙은 기본이고 그 사람의 분위기, 말하는 기술이 큰 영향을 미친다. 외모가 좋은 사람에게 끌리는 것은 인간의 본능이다. 하버드 대학교의 마커스 모비우스(Markus Mobius)와 웨슬리안 대학의 타냐 로젠블랫(Tanya Rosenblat)은 외모와 수입의 관계에 대해 연구했다. 이들은 외모가 좋은 사람은 더 자신감이 있고 더 많은 신뢰를 얻어 높은 임금을 받을 수 있다고 한다. 매력적인 근로자는 외모에 대한 자신의 신뢰를 토대로 고용주와 유리하게 임금 협상을 할 수 있다. 외모 프리미엄이 어느 정도 존재한다는 것이다. 어떤 유명 연예인은 잘생겨서 아르바이트비를 다른 사람들보다 더 많이 받았다고 고백했다. 커피전문점이나 당구장을 운영하려면 예쁘고 잘생긴 아르바이트생이 필요하다고 한다. 커피 프린스가 필요한 것이다.

타인의 얼굴을 보고 매력도와 신뢰도, 호감도 등을 판단하는 데는 5초가 걸리지 않는다고 한다. 인간의 뇌는 짧은 순간에 상대방을 판단한다. 심리학에서 말하는 초도 효과이다. 첫인상은 외모에서 풍기는 이미지가 80% 영향을 미친다고 한다. 모르는 사람을 만났을 때 첫인상의 효과는 더 강력하다. 소개팅은 첫 만남에서 절반 이상 결정된다. 그렇다면 자신의 첫인상을 잘 만드는 것이 돈을 버는 데 큰 도움이 될 것이다.

첫인상을 좋게 만들어서 돈을 더 많이 벌 수 있다면 외모에 돈을 아낄 필요가 없다. 좋은 첫인상을 남기는 아이템 중에 안경만 한 것이 없다. 안경은 사람을 지적으로 보이게 한다. 눈이 좋지 않아 안경을 쓴다면 잘 어울리고 좋은 안경을 써야 한다. 사람마다 취향이 다를 수 있지만 어떻게 보면 사람마다 느끼는 것은 비슷하다.

안경뿐만 아니라 서류가방이나 핸드백도 마찬가지다. 첫 미팅에서 외모로 판단하는 것이 옳은 일인지는 차치하더라도 사람은 첫 만남에서 여러 가지 정보를 찾고 습득한다. 의식하지 않더라도 상대방의 몇 가지 아이템이 그 사람의 이미지와 겹치게 된다. 생김새로 사람을 평가하는 것이 아니다. 단정하게 외모를 갖추고 신경을 써서 얼마나 진심으로 사람들을 만나는지에 대한 마음가짐을 말하는 것이다. 돈을 쓰더라도 이런 곳에 써야 한다.

비싼 것을 사야 할까? 사실 비싼 것이 좋기는 하다. 경제 강의 첫 시간에 배우는 수요와 공급의 법칙에서 알 수 있듯이 공급과 수요가 만나서 가격이 형성된다. 좋은 물건은 갖고 싶은 사람들이 많기 때문에 가격이 높게 형성되어 있기 마련이다. 하지만 사치스럽지 않고 수준에 맞게 돈을 써야 한다는 것이 전제되어야 한다. 내 수입에 맞는 좋은 안경과 핸드백을 산다면 좋은 소비가 된다.

돈을 썼다면 최대한 활용하라

돈을 쓸 때는 가성비를 따졌다면, 쓰고 난 후에는 가심비를 채워야 한다. 비싼 안경, 핸드백을 샀다면 최대한 활용하는 것이다. 내가 산 모든 물건과 경험이 가심비를 좋게 만들려면 적극적으로 활용해야 한다. 좋은 안경을 샀다면 사람들을 더 많이 만나야 한다. 미팅에 주저하지 말고 좋은 첫인상을 다른 사람들에게 널리 알려야 한다. 슈퍼맨 안경을 쓴 것처럼 도전해볼 만한 일을 새롭게 찾아야 한다. 모임에 나가서 새로운 사람들을 만나거나 스터디 모임에 참여해봐도 좋다.

여행을 다녀왔다면 기분 전환이 된 느낌이 없어지기 전에 새로운 목표를 세워야 한다. 여행이라는 휴식을 갖는 이유는 더 높은 목표를 세우고 동기부여를 얻기 위해서다. 물건을 사거나 경험을 했을 때 후회 없다면 돈을 잘 쓴 것이다.

내 돈과 다른 사람의
돈을 헷갈리지 마라

돈에도 성격이 있다

돈을 쓰기 전에 돈의 성격을 구분할 줄 알아야 한다. 돈은 어디에서 왔는지에 따라 성격이 다르다. 다음 사례를 한번 살펴보자.

대학교를 졸업하면 사업을 하고 싶었던 친구는 학교를 다니면서 사업 아이템을 찾아다녔다. 창업 동아리에서도 열심히 활동하고 스티브 잡스, 빌 게이츠, 손정의 등 사업으로 성공한 사람들의 스토리도 열심히 읽었다. 그러던 중 번뜩이는 아이디어가 떠올랐다. 아무리 생각해도 너무 괜찮은 사업인 것 같았다. 수익성을 판단하기 위해 몇 가지 테스트를 해보니 주위 반응도 좋았다.

이제 결단만 남았다. 그런데 사업하기 위해 가장 필요한 것은 역시 돈이다. 아르바이트를 해서 돈을 모아놨지만 턱없이 부족했다. 어쩔 수 없이 부모님께 사업 설명을 하고 돈을 좀 빌리기로 했다.

그래도 사업을 시작하기에는 부족했다. 최근에는 청년창업 지원을 많이 해준다는 소리를 듣고 창업자금 대출을 받기 위해 금융권을 찾았다. 다행히 자기 자금과 부모님께 빌린 돈, 창업자금 대출로 사업을 시작할 수 있었다. 투자를 받기 위해서는 법인으로 시작해야 한다고 해서 법인을 설립했다. 단독주주로 1인 법인을 설립하여 2년간 열심히 해서 실력을 쌓았다. 하지만 매출이 본격적으로 발생하지는 않았다. 수입을 얻기 위해 실력을 쌓고 관련 분야에 대한 개발은 충분히 마쳤지만 실제로 수입을 얻기 위해서는 또다시 자금이 필요했다. 하지만 아직 눈에 보이는 매출이 없으니 더이상 은행 대출이나 정부 지원은 불가능했다. 앞으로의 예상 매출을 분석하고 사업에 관한 계획을 투자설명회에서 멋지게 프레젠테이션을 해서 몇 명의 투자자들을 모았다. 투자자들에게 법인의 주식 일부를 주기로 하고 투자금을 조달할 수 있었다. 그리고 투자받은 자본금을 바탕으로 사업을 크게 키웠다.

위의 사례가 돈을 중심으로 설명한 일반적인 스타트업의 성장단계이다. 사업을 하면 필요한 돈을 여러 가지 방법으로 조달할 수 있다. 크게 자기 자금, 타인으로부터 빌리는 대출, 타인으로부터 받은 투자금으로 나뉜다. 이 세 가지 돈을 구분할 줄 알아야 한다. 돈의 성격이 다르기 때문이다.

내 돈 vs 빌린 돈 vs 투자받은 돈

정말 좋은 사업이라면 모두 내 돈으로 하는 것이 가장 좋다. 벌어들인 수입도 모두 내가 가질 수 있기 때문이다. 하지만 자금이 부족하다면 두 번째 좋은 선택은 대출이다. 대출은 은행과 같은 금융기관에서 돈을 빌리고 미리 정한 이자를 지급하는 것이다. 돈을 빌려줄 때 은행은 내 사업에 대해 궁금해하지 않는다. 다만 은행의 이자와 원금을 잘 갚을 수 있는지 회사의 자산과 매출 그리고 순이익을 따져본다. 은행에서 돈을 빌려 이자만 갚고 나머지는 내가 다 가지면 된다. 수입에서 이자를 뺀 금액이 순수입이 된다.

자기자본과 은행의 대출 외에 외부 투자를 받을 수 있다. 투자를 받아서 사업을 하면 돈 관리를 더 철저하게 해야 한다. 내 사업에 투자하는 사람은 미래의 가능성을 보고 주식을 사는 것이다. 그래서 회사의 매출구조와 재무상태표, 손익계산서를 꼼꼼히 본다. 착각하는 사람들이 있는데, 법인은 대표이사의 소유가 아니다. 법인의 주인은 주주다. 주식을 많이 갖고 있는 사람의 의사 결정에 따라 사업의 방향이 정해진다.

주식을 주고 돈을 투자받으면 투자금을 상환하거나 이자를 지급하지 않아도 되므로 공돈으로 착각하는 사람들이 있다. 하지만 주식 지분을 주는 것은 경영권의 일부를 준 것이기 때문에 투자자들을 위해 일해야 한다. 그들은 회사의 가능성과 대표이사의 능력을 보고 주식을 사는 것이다. 투자자들은 회사의 가치가 상승해야 이익을 얻을 수 있으므로 회사의 경영 상태를 항상 면밀히 살핀다.

그래서 투자자들은 은행보다 회사의 돈 흐름을 더 자세히 알고 싶어 한다.

사업을 하는 입장에서 자기 돈은 마음대로 쓸 수 있지만, 은행에서 대출을 받으면 이자를 잘 갚아야 한다. 투자까지 받는다면 매년 매출을 늘리고 배당을 하고 주식 가치를 높여야 한다. 이렇게 자기자본으로 시작해서 금융기관의 대출을 받고 마지막으로 투자를 받는 것이 사업에서 돈을 조달하는 순서다. 물론 투자를 먼저 받는 경우도 있지만 정말 좋은 사업이라면 경영권을 넘기는 것보다 대출을 받아서 수익이 나면 상환하는 것이 더 이익이다. 정말 알짜 기업들이 기업공개를 안 하는 것도 이러한 이유 때문이다.

반대로 투자를 할 때 이런 돈의 성격을 알아두면 좋다. 어떤 회사의 주식을 사기 전에 자본금 중에 대표이사와 특수관계자들의 자금은 얼마나 되는지, 은행 대출은 많은지, 자본잠식 상태는 아닌지를 확인해야 한다. 내 사업을 한다면 더더욱 내 돈, 대출받은 돈, 투자자들의 돈을 구분할 줄 알아야 한다. 간혹 뉴스에서 대출받은 돈을 횡령하거나 투자자들의 돈을 흥청망청 쓰는 사람들의 이야기가 나온다. 애초부터 사업 자체에는 관심이 없고 외부 자금을 조달하여 모두 써버릴 의도가 아니었는지 의심된다.

돈에 대해 잘못된 개념을 가지고 있는 세 가지 유형

돈 자체에 대한 개념이 부족한 사람들이 있다. 돈을 밝히는 사람도 멀리해야 하지만, 반대로 셈이 어두운 사람은 더더욱 멀리해야 한다.

거지 근성이 있는 사람

이들은 남에게 얻어먹는 것에 익숙한 사람들이다. 근성이란 어떤 사람이 본래 갖고 있는 성질이나 마음가짐을 말한다. 거지 근성이라는 말의 기저에는 고칠 수 없다는 생각이 깔려 있다. 보통 이런 사람들은 자신이 노력한 것보다 큰 보상을 바라거나 남의 도움을 받는 것을 좋아한다. 단순히 공짜를 좋아하는 것과 구분해야 한다. 거지 근성은 노력하지 않고 얻으려는 성질을 말한다.

이유 없이 뻔뻔하게 '오늘은 네가 한 턱 쏴' 또는 '오늘은 네가 사는 거지?'라고 말하는 사람들이 있다. 항상 얻어먹을 궁리만 하고 어쩌다 자기 돈으로 대접을 해야 하는 상황에서는 비싸지도 않은 음식을 사고는 크게 생색을 낸다. 회사에서 제공되는 간식을 집으로 가져가는 것도 일종의 거지 근성이다. 요즘은 코스트코 양파거지, 이케아 연필거지, 배달거지 등의 신조어가 생기기도 했다. 이것은 절약이 아니라 사회적으로 피해를 주는 행위다. 곁에 두고 싶은 친구의 유형은 아니므로 돈을 잘 벌 수 있는 기회도 없을 것이다.

남의 돈을 자기 돈으로 착각하는 사람

이들은 허세가 많고 실속은 없는데 겉으로 보이는 것을 중요하게 생각하는 사람들이다. 능력도 되지 않는데 과시하기를 좋아한다. 남자들은 주로 차나 시계로, 여자들은 명품백으로 과시한다. 어느 정도는 패션이지만 과하면 허세다.

요즘 20대들은 허세를 멋으로 생각하기도 한다. 자기가 번 돈으로 허세 부리는 것을 뭐라고 할 수는 없지만 주위 사람들을 불편하게 할 수 있다. 이것은 소비에 대한 개념이 부족한 것이다. 허세를 부리면 주위 사람들이 더 잘 따르는 것 같아 소비 습관을 고치기도 어렵다.

간혹 남의 돈을 내 돈으로 착각하는 허세도 있다. 주위에 부자가 있으면 자랑하고 싶어진다. '내가 아는 형은 ㈜수퍼맨의 대표 둘째 아들인데 돈이 너무 많아서 부러워.' 이렇게 인맥을 과시한다. 주위 사람들이 부자라는 것을 자랑해서 나도 비슷한 수준이라는 것을 넌지시 알린다.

다른 사람의 돈을 내 돈으로 착각하는 사람들은 어떤 일을 시작할 때 '누구누구와 정말 잘 아는 사이니 걱정하지 마세요'라는 식으로 말한다. 전형적인 사기꾼 유형이기도 하다. 희대의 사기꾼들도 유력 정치인이나 재력가와 잘 안다고 과시하던 사람들이었다. 부자를 팔지 말고 내 실력으로 돈을 벌어야 한다. 자신의 실력이 중요하지 주위 사람의 재력이나 평판이 중요한 것은 아니다.

모임에서 셈이 어두운 사람

요즘은 카카오뱅크에 모임 통장이 잘되어 있어서 회비를 걷어야 할 때 민망하지 않게 잘 정리되는 편이다. 모임을 하면 의식적으로라도 돈셈을 해야 한다. 돈셈이 약한 사람들은 주로 자기에게 이익이 되면 슬쩍 넘어가고 손해를 볼 때는 화를 낸다. 정확하게 하는 것이 서로에게 좋을 수 있다.

반대로 모임에서 이익을 보는 것도 불편해하는 사람들이 있다. 계산하다 보니 한 명에게 좀 이익이 될 수 있는 상황도 불편해서 자신이 식사를 대접하기도 한다. 사람들이 모두 기억할 수 있으니 돈을 잘 쓴 사례이다.

내 돈과 다른 사람의 돈을 착각하는 사람들은 이런 생각을 한다.

'내 돈도 아닌데 펑펑 쓰면 어때?'
'내가 잘 아는 사람들 중에 부자들이 많아.'
'돈 많은 사람들이 회비 좀 더 내면 어때.'

돈 많은 사람들을 시기하는 삐딱한 마음일 것이다. 남의 돈이 내 돈이 되는 방법은 노력해서 버는 것밖에 없다. '얼른 돈 많이 벌어서 주위 사람들과 즐겁게 지내야지!'라는 생각이 부자가 되는 좀 더 현실적인 동기부여가 될 것이다.

똑똑한 소비를 하기 위해 계획적인 절약이 필요하다

절약을 소비와 상반된 개념으로 생각해볼 수 있다. 절약은 물건을 아껴 쓴다는 의미도 있지만 돈 자체를 아끼는 것으로 생각하면 좋다. 돈과 연결해서 생각하는 것이 돈을 모으고 버는 데 더 도움이 된다. 보통 '월급의 70%는 저금해야 한다' 또는 '최소한의 생활비 외에는 모두 절약하라'고 한다. 절약에 대해 사회적 약속이나 답이 있는 것처럼 이야기하지만 그렇지 않다. 소비와 마찬가지로 절약의 수준도 극히 주관적이다. 과도한 절약의 단점은 돈 쓰는 감각이 무뎌진다는 것이다. 돈도 써본 사람이 쓸 수 있다.

책을 사야 하는데 월급의 70%는 절약해야 하므로 이번 달 절약 목표를 지키기 위해 책은 다음 달에 사겠다는 결정은 잘한 것일까? 친구를 만나야 하는데 이번 달은 절약을 해야 하므로 친구에게 저녁을 사라고 하는 식의 절약은 좋을 리 없다. 항상 밥을 얻어먹는 친구라는 인식은 쉽게 바뀌지 않는다.

돈을 모으는 목표가 없으면 계획도 없다. 절약을 해야 하지만 왜 하는지를 알 수 없다. 천만 원 모으기부터 시작해야지, 월급 300만 원 중에 200만 원씩 5개월을 모으면 되겠다, 이번 달에는 조금 더 많이 썼으니 다음 달에 조금 덜 써야겠다, 이렇게 계획을 세우고 수정해나가야 한다. 절약하는 이유와 목표 금액을 정해서 계획을 세워야 한다.

똑똑한 소비가
필요하다

실패하지 않는 가계부 작성법

똑똑한 소비라고 하면 무엇이 떠오를까? 가계부와 소비 습관이 떠오른다. 둘 다 본능을 이겨내야 하는 어려운 일이다. 가계부는 돈을 쓸 때마다 적고 계산하는 습관을 들여야 하고, 소비를 하지 않으려면 뼈를 깎는 노력이 필요하다.

절약을 하지 못하는 이유는 소비를 줄이지 못하기 때문이다. 다시 말하면 불필요한 소비를 줄이는 것이 절약이다. 불필요한 소비란 무의식적인 소비다. 노트북이 있는데도 노트북을 사는 것은 불필요한 소비다. 하지만 윈도우 노트북은 있는데 아이폰 앱 개발 프로그램을 배우기 위해 애플 맥북이 필요할 수 있다. 이런 경우 돈을 절약하기 위해 맥북을 몇 달 또는 몇 년 후에 사기로 하는 것은 좋은 선택이 아니다. 노트북이 오래돼서 제 기능을 못 한다면 당연히 사야 한다. 소비를 넘어서는 생산을 하면 소비도 잘하고 절약도 한 것이다.

똑똑한 소비를 위한 방법으로 많은 사람들이 가계부를 권한다. 가계부 앱도 많이 나와 있다. 어떤 앱은 문자가 오면 자동으로 가계부를 작성해주기도 한다. 나도 여러 차례 가계부를 작성해보려고 했지만 두 달을 넘기지 못했다. 가계부 작성에 성공할 수만 있다면 권장하고 싶다. 하지만 몇 번의 시도에도 실패했다면 조금 다른 방법을 생각해봐야 한다. 갑자기 가계부를 적는 습관을 들이기는 어려우므로 손이 많이 가지 않는 방법을 찾아봐야 한다.

더 중요한 것은 가계부를 적는 이유를 잊어버린다는 것이다. 가계부는 돈을 절약하기 위해 쓰는 것인데 그냥 단순 작업의 반복이 되어버린다. 가계부를 쓰는 것이 절약에 큰 도움이 되지 않는 이유는 소비에 있을 것이다. 택배비 500원, 콩나물값 천 원은 아끼고 치킨값, 택시비는 아끼지 않는다. 스트레스 받으면서 가계부에 일일이 적기보다 어떻게 해야 돈을 신경 쓰지 않고 관리할 수 있을지 고민해보는 것이 좋다.

가계부 작성이 힘들다면 역발상을 해볼 수 있다. 일일이 적어서 한 달의 소비를 관리하는 방법과 비슷한 결과를 만들면 된다. 가계부의 월급 300만 원 중에 200만 원을 모으는 것이라면 100만 원에서 차감해나가면 된다. 한 달에 얼마를 쓸지 매달 예산을 정해두는 것이다. 매일매일의 지출을 합해서 매월의 지출 결과를 확인하는 것이 아니라 월지출액을 정하고 거기에 맞게 사용하는 것이다. 정해놓은 예산을 넘지 않는다면 결과적으로 절약한 것이다.

이때 필요한 도구가 체크카드다. 예산만큼 통장에 넣어두고 체크카드만 사용한다면 자동으로 가계부가 만들어진다. 매월 100만 원만 지출통장에 넣고 사용하면 된다. 자동이체도 지출통장에서 빠져나가면 유동적으로 쓸 돈이 보인다. 체크카드를 사용할 때마다 잔액을 확인할 수 있다.

예산을 여유 없이 정하면 가계부를 적지 않아도 절약할 수 있다. 한 달 후에 남은 금액이 있다면 다시 100만 원까지만 채워서 사용하면 된다. 예산이 부족하다면 이번 달은 소비가 많고 절약을 못 한 것이다. 콩나물값, 치킨값 하나하나에 스트레스를 받지 않아도 된다. 결과적으로 예산 범위 내에서 사용했다면 절약을 한 것이다. 내가 사용해본 방법 중에 가장 스트레스가 적었다. 가계부처럼 항목이 궁금하다면 체크카드 사용 내역을 확인하면 된다.

불필요한 소비인지 생각해보고 쓰자

불필요한 소비인지 아닌지를 쉽게 판단하는 방법이 있다. 무엇인가를 사고 싶다면 쿠팡이나 네이버 등 인터넷 마켓에서 검색하고 가격을 찾아보자. 실제로 얼마인지부터 확인한다. 사고 싶은 것을 골라서 장바구니에 넣어놓자. 이제 흥분을 잠시 멈추고 숨을 돌려야 한다. 새벽배송 주문 마감 시간에 집착한다면 불필요한 소비다. 오후 3시까지 결제하면 다음 날 받아볼 수 있다는 유혹도 한

번 참아야 한다. 장바구니에 넣어둔 채로 며칠 지나보자. 며칠 후 장바구니에 그대로 있다면 갖고 싶기는 하지만 불필요한 소비인 것이다.

이렇게 한 번씩 참아서 절약을 해야 한다. 쉬운 이야기는 아니다. 갖고 싶은 것을 포기하기가 쉽지 않다. 그럴수록 장바구니에 넣어두고 생각해야 한다. 매일 갖고 싶다고 생각하는 것과 장바구니에 넣어두는 것이 무슨 차이가 있느냐고 생각할 수 있다. 하지만 장바구니에 넣어두면 마음이 좀 더 편안해지고 왠지 결제하면 후회할 것 같은 생각도 든다. 이렇게 장바구니에만 넣어두고 결제는 하지 않는다. 며칠 후 장바구니를 다시 보면 품절되어서 살 수 없거나 더 이상 갖고 싶지 않을 수도 있다.

가장 좋은 선물은 내 돈 주고 사기 애매한 것이라고 한다. 내 돈 주고 사기에는 그렇지만 누군가 선물해주면 좋은 것이다. 그런 물건들이 너무 많다. 요즘은 사지 않으면 안 될 것 같은 광고도 너무 많다. 그런데 막상 받아보면 크게 감흥이 없다. 인터넷 쇼핑이 가장 즐거운 순간은 장바구니에 넣고 결제하는 순간이다. 다음 날 택배를 받아보고 실망하는 경우도 많다. 불필요한 소비였기 때문이다. 쇼핑 중독자들은 실제로 무엇인가를 사는 것 자체에 희열을 느껴 집에 뜯지 않은 택배 상자가 쌓여 있다고 한다. 장바구니에 넣는 즐거움만 갖고 결제는 참아보는 연습을 해보자. 차라리 생일까지 장바구니에 넣어두고 그때 친한 친구들에게 선물받는 것이 똑똑한 소비일 것이다.

신용카드는 없애고 체크카드를 살려라

신용카드의 화려함과 그늘

신용카드를 쓰는 것이 현금을 사용하는 것보다 더 익숙한 일이 되었다. 돈을 가지고 다닐 필요 없이 통장에 돈을 넣어두기만 하면 된다. 정부 입장에서도 신용카드를 많이 사용하는 것이 좋다. 현금 거래가 많은 경우 수입을 자진해서 신고하지 않으면 국세청에서 알 수 없다. 현금을 주고받기 때문에 전자기록이 남지 않는다. 예전에는 세금을 내지 않기 위해 매출을 누락하기도 했다. 신용카드를 쓰면 소비자의 카드 내역만으로 매출처의 수입을 모두 확인할 수 있다. 실제로 매출 누락을 양성화하기 위해 신용카드 사용을 독려했다. 신용카드를 많이 사용하면 소득공제나 세액공제를 해주는 것도 이런 이유이다.

예전에는 소액이라도 돈이 부족하면 매번 은행에 가서 대출을 받아야 했지만 신용카드가 있으니 미리 쓰고 나중에 갚아도 된다. 미래의 소비를 현재로 당겨 오는 역할을 하는 것이다. 신용카드는 말 그대로 신용을 담보로 지출하는 것이다. 신용에는 개인에 대한 많은 양의 금융 정보가 포함된다. 부동산 보유, 대출 상환 능력, 은행 잔고 등을 기준으로 신용 등급을 나누고 그에 따라 카드 사용 금액과 대출 한도가 다르다.

지금은 일반화되어 조금 덜하지만 신용카드를 내밀면 왠지 모를 뿌듯함과 부자가 된 느낌이 들기도 한다. 이것을 조심해야 한다. 신용카드 대금을 갚기 위해 살아야 할지도 모르니 말이다.

신용카드 회사의 수입 구조

신용카드 회사의 입장에서 생각해볼 필요가 있다. 신용카드 회사는 음식점 등의 가맹점에게 수수료를 받는다. 또한 신용카드 사용자들을 상대로 연회비 수입을 얻는다. 신용카드 회사들은 어떤 사람을 가장 좋아할까? 신용카드 대금을 제 날짜에 결제하지 않는 사람들을 가장 좋아한다. 신용카드 대금을 매월 성실하게 결제하는 사람들에게서 얻는 이익은 고작 연회비뿐이기 때문이다.

신용카드 회사마다 정해둔 최소 결제금액만 결제하고 나머지 금액을 미루는 것이 리볼빙 서비스다. 최소 결제금액 이외에 잔여 금액은 결제를 미뤄주는 대신 이자를 지급해야 하는데 이것이 신용카드 회사의 큰 수입원이다. 할부를 이용하는 고객도 우량 고객이다. 할부이자를 받을 수 있기 때문이다. 아이러니하게도 할부를 하지 않고 리볼빙 서비스도 사용하지 않는 사람들은 신용카드 회사 입장에서는 불량 고객이다.

두 번째 수입원은 신용카드를 많이 사용하는 사람들이다. 신용에 따라 연회비가 높은 신용카드를 발급받을 수 있다. 연회비가 10만 원, 100만 원이 넘는 신용카드를 발급받는 이유는 무엇일까? 우선 연회비를 100만 원 내더라도 각종 바우처와 혜택으로 대부분을 돌려받는다. 그래서 연회비가 비싼 신용카드를 사용하더라도 크게 불이익은 없다.

그런데 고소득자들은 소비 단위가 크고 지출이 많다. 신용카드 회사는 그들에게 연회비가 높은 카드를 발급해주면 그만큼 사용하는 횟수와 금액이 많아 가맹점 수수료를 많이 받을 수 있다.

부자들은 리볼빙 서비스를 사용하지 않는다. 신용카드 결제금액이 부족하지 않기 때문이다. 역설적으로 저소득자들이 할부와 리볼빙을 많이 사용한다. 그리고 부자들에게는 연회비가 비싼 카드를 발급해주면서 많이 사용하도록 독려한다. 신용카드 회사는 빈자에게는 이자를 얻고 부자에게는 가맹점 수수료를 얻는다.

숨은 실력자 체크카드

신용카드는 많은 장점이 있지만 최대의 단점이 하나 있다. 소비를 무디게 만드는 것이다. 매월 신용카드 결제대금을 보며 한숨을

쉰다. 너무 많아서 뭔가 잘못된 것 같아 세부 내역을 보면 모두 내가 쓴 것들이다. 사용 내역만 봐도 그날 있었던 일이 모두 생각날 정도다. 이런 과정이 반복되다 보면 결제대금이 그저 숫자로 보일 뿐이다.

신용카드를 사용하면 소비를 관리하기 힘들다. 다시 한 번 강조하지만 체크카드를 사용해야 한다. 그것도 전략적으로 말이다. 지출통장을 따로 정해두고 매월 사용할 예산을 미리 정해서 통장에 넣어두고 체크카드를 사용한다. 신용카드이든 체크카드이든 다 똑같은 것 같지만 관리 측면에서는 하늘과 땅 차이다. 신용카드는 '아직 한도가 많이 남아 있네'라고 생각하지만, 체크카드는 '이제 쓸 수 있는 예산이 100만 원 남았네'라고 생각하게 된다. 신용카드는 보이지 않는 결제금액도 있다. 사용일 기준으로 결제금액을 계산하므로 다음 달 결제금액으로 넘어가면 이번 달 사용액이 더 많은 것 같다.

신용카드를 단번에 없애고 체크카드로 옮기기는 쉽지 않다. 신용카드 결제금액을 모두 해결해야 하고 포인트 혜택도 포기해야 하기 때문이다. 하지만 한 번만 체크카드로 넘어온다면 지출 관리에 큰 도움이 된다는 것을 느낄 수 있다.

시간과 경험을 사는 데 돈을 아끼지 말라

배움에 절약하는 것은 독이다

무언가를 경험하는 데는 돈을 아끼지 말라고 하면서 물건을 살 때는 꼭 필요한지 수십 번 생각해보라고 한다. 여행은 좋은 경험이 되지만 스마트폰을 바꿀 때는 신중해야 한다는 것이다. 하지만 큰 틀에서 보면 물건도 경험이다. 물건을 사용하기 전에는 경험할 수 없는 것들이 많다. 노이즈캔슬링 무선 이어폰을 끼고 조깅을 해봐야 그 즐거움을 알 수 있다. 좋은 물건을 사는 것도 큰 경험이다. 시간이 지나서 남는 것은 오히려 경험보다 물건일 수 있다.

사실상 경험과 물건을 명확하게 구분할 수는 없다. 경험이라고 하면 여행, 강의 등을 들 수 있고, 물건은 명품백이나 보석을 떠올린다. 에펠탑 앞에 있는 카페에서 마시는 커피는 물건이 아니라 경험이다. 미슐랭가이드에서 극찬한 음식을 맛본다면 경험일 수도 있고 물건일 수도 있다. 여행이라는 새로운 경험을 통해 한 단계 발전할 수 있는 계기가 된다. 물건보다 경험에 소비하라는 것은 경험을 통해 안목을 높일 수 있고 행복한 기억이 오래도록 남기 때문이다.

물건도 좋은 기억을 떠올릴 수 있다. 여행지에서 사온 기념품 자석을 냉장고에 붙여놓으면 볼 때마다 그때의 장면이 떠오른다. 돈을 모아서 처음 구입한 명품지갑을 매일 지니고 다니면서 돈을 더 채우고 싶은 욕구가 생긴다. 아버지께 물려받은 시계를 차면 매일 아버지의 응원을 받는 듯할지도 모른다. 물건이든 여행이든 자기계발을 위한 동기부여나 스토리텔링이 될 수 있다면 제대로 소비한 것이다.

사치하지 말아야 한다는 말은 물건뿐만 아니라 경험에도 해당된다. 욜로족들의 소비가 어떻게 보면 사치일 수 있다. 여행이라는 목표를 세워두고 월급을 모아서 연말쯤에 회사를 그만두고 여행을 간다. 수입의 90% 이상을 여행에 쓰고 다시 일상으로 돌아온다. 지나치지 않은 한두 번의 욜로 경험은 젊을 때 할 수 있는 특권이다. 동기부여 측면에서 좋을 수도 있다. 그러나 계속되는 과한 소비는 줄이기도 힘들고 주워 담기도 불가능하다.

이제까지 쌓아온 커리어를 던져버리고 떠나야 하므로 경력에 리스크가 되기도 한다. 한두 달의 여행은 경력 단절이 될 수도 있기 때문이다. 더 위험한 것은 달콤한 소비일수록 쉽게 줄이기 힘들다는 점이다. 당장은 멋있어 보이지만 경험이든 물건이든 시간이 지나고 의미가 없어진다면 아쉬움으로 남을 것이다. 값진 경험, 좋은 물건을 사기 위한 소비가 되어야지 경험과 물건 자체가 목적이 되어서는 안 된다.

시간을 살 수 있다면 주저하지 마라

애니메이션 〈시간을 달리는 소녀〉의 주인공 마코토는 시간을 되돌릴 수 있는 타임리프(time leap, 시간여행자) 능력으로 성적도 좋아지고 지각도 하지 않고 실수도 훨씬 줄어들었다. 시간을 되돌릴 수 있는 초능력이 있다면 뭐든지 할 수 있을 것 같다. 현실세계에서 시간을 줄이는 것은 돈으로 할 수 있다.

몇 가지 방법으로 시간을 살 수 있다. 컨디션이 좋지 않은 날 전철을 타는 대신 택시를 타고 집에 30분이라도 일찍 가서 쉬는 것은 시간을 사고 건강도 챙기는 일이다. 휴직을 하고 자기 투자의 시간을 갖는다면 월급으로 시간을 사는 것이다. 시간을 효율적으로 쓸 수만 있다면 돈으로 시간을 사는 데 주저할 필요가 없다.

돈을 많이 벌수록 시간이 없다고 한다. 그래서 부자들은 돈을 시간과 교환하는 것을 주저하지 않는다. 시간이 없는 부자들은 일의 우선순위를 철저하게 관리하고, 새벽과 늦은 저녁 시간을 십분 활용한다. 부자에게는 시간을 버는 것이 곧 돈을 버는 것이다. 만나야 할 사람, 처리할 안건, 결정해야 일들도 많다. 그런 시간을 돈으로 바꿀 수 있다면 주저하지 않는다.

나는 매일 자투리 시간의 소중함을 느낀다. 리디북스, 교보e북, 밀리의 서재 등 전자책 서비스가 많다. 종이책 읽는 것을 더 좋아하더라도 굳이 전자책을 멀리할 필요 없다. 엘리베이터를 기다리거나 신호를 기다릴 때 나는 전자책을 한두 페이지라도 읽는다. 이렇게 자투리 시간을 이용하다 보면 어느새 한 권을 다 읽는다. 자투리 시간이 쌓일수록 자연스럽게 독서량도 쌓인다.

좋은 대출과
나쁜 대출

좋은 대출, 나쁜 대출을 구분하라

앞에서 사업을 시작할 때 자기자본, 대출, 투자받은 돈을 구별할 수 있어야 한다고 말했다. 각각의 성격과 중요도가 다르기 때문이다. 그런데 사업을 하지 않는 개인들도 돈을 구별해야 한다. 개인들에게는 내 돈과 빌린 돈이 있다. 빌린 돈 중에서 특히 좋은 대출과 나쁜 대출을 구분할 줄 알아야 한다. 좋은 대출의 이자를 감당하면 내 자산을 늘릴 수 있기 때문이다.

대출은 유형도 여러 가지고 성격도 제각기 다르다. 예를 들어 신용카드 금액을 최소 결제만 하고 나머지 금액은 리볼빙을 하는 것, 자동차를 리스로 구입하는 것, 아파트를 구입하기 위해 대출을 받는 것 등이다. 그렇다면 좋은 대출과 나쁜 대출은 어떻게 나누는 것일까?

감당할 수준의 대출이어야 한다

첫 번째는 감당할 수준의 대출이어야 한다. 매월 수입의 대부분이 이자비용으로 나간다면 저축을 할 수 없으므로 좋지 않은 대출이다. 영끌로 집을 사고 나면 이자를 감당하기에 바쁘다. 하우스 푸어의 여유 없는 삶을 살아야 한다. 집은 남길 수 있으므로 그나마 괜찮다. 차를 영끌로 사면 카푸어가 된다. 차는 점점 낡고 수리할 데만 늘어나 돈이 들어간다. 반면 건물과 같은 수익자산을 살 때 일으킨 대출은 그에 비해 좋은 대출이다. 건물 자체에서 생긴 수입으로 이자를 해결할 수 있기 때문이다. 대출받은 건물에서 나온 수익으로 이자를 내고 남는 돈이 있다면 순현금흐름과 자산이 늘어나니 친구 같은 대출이다.

소비를 위한 대출은 안 좋다

두 번째는 소비를 위한 대출은 대부분 좋지 않다는 것이다. 대출을 받아 소비를 하면 미래의 돈을 현재로 끌어당겨 쓸 수 있지만 미래에 고통이 따를 수 있다. 당장 돈이 없는데도 여행부터 갔다오는 사람들에게는 경험이 쌓이더라도 대출을 갚아야 하는 고단한 삶이 기다리고 있다. 여행의 재충전이 고단함으로 바뀌므로 발전하기 어렵다. 돈을 벌어 부자가 되는 것은 장기적인 일이어서 당장의 소비를 위한 대출은 도움이 되지 않는다. 대출의 의미를 넓게 생각하면 신용카드 할부는 무이자라고 할지라도 좋지 않은 대출이다. 당장의 돈은 아낄 수 있을지 모르지만 미래의 돈이 줄어들기 때문이다.

신용을 깎아먹는 대출은 금물

세 번째는 신용을 떨어뜨리는 것은 나쁜 대출이다. 대부분의 대출은 우리의 신용을 기반으로 받을 수 있다. 급여 수준, 갖고 있는 재산 등으로 신용을 평가한다. 신용이 없다면 경제생활 자체가 어려운 시대이다. 고정 수입이 있다면 마이너스 대출이나 주택담보 대출은 어렵지 않게 받을 수 있다. 하지만 이런 대출을 받고 나면 내 신용 점수를 사용한 것이므로 점점 대출이 어려워진다. 대출이 자를 감당하지 못하거나 신용카드 결제대금을 연체했다면 신용은 점점 더 나빠진다. 신용을 사용한 선순위 대출이 이미 많다면 실제로 필요할 때 어려움을 겪을 수 있다.

집을 살 때 주택담보대출로 집값은 충당하더라도 부동산중개 수수료와 취등록세는 신용대출을 받아야 할지도 모른다. 그런데 신용대출을 이미 다 써버렸다면 결정적 대출이 필요할 때 도움을 받지 못할 가능성이 크다. 신용대출이나 마이너스 대출은 최후의 보루로 남겨두는 것이 좋다. 아무리 좋은 투자 대상이 있더라도 신용대출까지 끌어온다면 진짜 필요할 때 도움을 받을 수 없다. 대출은 곧 신용이므로 아껴뒀다 결정적일 때 써야 한다.

물론 앞으로 더 좋아질 것이라는 희망으로 대출을 받는다. 언제나 좋은 미래가 있으면 좋겠지만 예기치 않은 일이 생길 가능성도 충분히 있다. 이미 경험한 것처럼 금융위기, 코로나19 등 전 세계적인 위기도 한 번씩 찾아올 수 있다. 그러한 위기를 대비하기 위해서는 내 돈, 좋은 대출, 나쁜 대출을 구분해서 사용해야 한다.

눈치 볼 필요 없는
부의 이전

당신은 증여를 어떻게 생각하는가

최근 부모로부터 증여를 받았다고 신고한 건수가 9만 8천여 건이라고 한다. 1년 전에 비해 1만 명이 늘어났다. 세금도 시대마다 트렌드가 있는데 최근에 증여를 많이 하는 이유 중에 하나는 양도소득세 때문이다. 양도소득세가 워낙 많이 부과되니 오히려 증여를 하는 것이 합리적인 결정이다.

한국 사회에서 '부의 대물림'은 좋지 않다는 인식이 있다. 최근 어린 자녀에게 부동산 증여를 많이 한다는 기사가 자주 나온다. 증여세를 탈루하거나 세금을 내지 않는다면 큰 문제이지만 증여가 많아지는 것이 왜 문제가 되는지, 왜 기삿거리가 되는지 이해가 되지 않는다. 증여 자체가 문제가 아니라 부동산 가격이 급상승하면서 상대적 박탈감이 심화되는 것이 사회적 문제로 대두되고 있다.

부모 찬스를 쓰지 못하는 젊은 층의 상대적 박탈감이 갈수록 커져서 오히려 돈 있는 사람들이 불만의 표적이 되기도 한다. 이런 사회적 인식으로 인해 증여 자체를 좋지 않게 보는 것이다. 그래서 큰 이유 없이 '부의 대물림'은 나쁘다고 생각하는지 모른다.

미국은 증여세 면제 한도를 확대하는 추세다. 이를 통해 부의 이전을 가속화하고 결과적으로 창업과 소비가 늘어나고 있다는 분석도 있다. 미국에서는 재산을 133억 원 정도를 증여해도 상속세나 증여세를 면제해준다. 반면 우리나라는 10년간 성인 자녀에게 5천만 원만 증여세 없이 증여할 수 있다.

나라마다 사회적 인식과 개인적 성향이 다를 수 있지만 자본주의 사회에서 증여 자체를 문제 삼는 분위기는 전반적인 경제에 해가 될 수 있다. 부자가 존경받을 수 있는 이유는 노력해서 많은 부를 쌓았기 때문이고 그런 노력이 안정된 삶을 보장해주는 것이 자본주의 사회다. 노력한 만큼 인정받고 평등한 기회를 부여하는 것이 중요하지 증여 자체를 문제 삼는 것은 감정적 반응일 뿐이다. 그런 점에서 어린 자녀가 증여를 받았다는 것이 기사화되는 것은 바람직하지 않다. 오히려 세금 측면에서 어린 자녀에게 증여해주어야 한다. 편법 증여를 하는 몇몇 정치인이나 재벌들은 당연히 비판받아야 하지만 일반 국민들의 합리적 의사 결정인 증여까지 문제 삼는 것은 바람직하지 않다고 생각한다.

증여는 내로남불이 아니다

"결혼을 앞둔 자녀가 전세 3억 원에 신혼집을 계약했다. 돈이 없어 부모가 3억 원의 전세자금을 마련해주고 자녀가 부모에게 갚기로 약속했다."

증여는 나와 상관없는 먼 이야기인 것 같지만 생활 속에서 많은 일들이 증여가 될 수 있다. 결혼하는 자녀에게 집을 장만해주는 것도 당장 증여 문제가 걸린다. 현실적으로 한국에서 결혼할 때 가장 큰 장애물은 집 마련이다. 우리나라 전체의 평균 전셋값은 약 3억 원이고 서울의 평균 전셋값은 6억 원이 넘는다. 이런 상황에서 신혼집 전셋값을 부모가 보태주면 증여일까? 세법상 증여가 될 수 있다. 그렇다고 결혼할 때 전세를 얻어주는 것이 한국 사회에서 좋지 않게 인식되는 '부의 이전'일까? 현실에서는 지원하고 도와줄 수밖에 없다. 증여와 도움을 어떻게 구분해야 할까?

부모님의 사랑은 내리사랑이다. 자식에게 모든 것을 주고 싶다. 부족함 없이 해주고 싶은 것이 부모의 본능이다. 갖고 있는 돈을 다 주고서라도 자녀들이 편안하게 살았으면 한다. 결혼하는 자녀에게 전세금이라도 조금 보태주고 싶은 것이 부모의 마음이다. 살고 있는 집을 팔아서 절반을 주고 싶다.

사회적으로 증여에 대한 인식이 좋지 않을지라도 개인적인 상황에서는 증여가 너무나 자연스러운 일이다. 증여의 내로남불 버전이랄까? 그런데 증여는 부의 대물림이므로 사회적으로 좋지 않게 본다. 과거에 극소수의 부자들이 편법으로 증여를 해왔기 때문이다. 재벌들이 세금을 얼마 내지 않고 자녀들에게 부를 이전하는 일들이 많았다. 하지만 평범한 사람들의 편법 증여는 많지 않다. 최근에는 국세청이 세무조사 등으로 사후 검증을 꼼꼼하게 하기 때문에 성실하게 증여한다. 일상적인 증여는 합리적인 의사 결정이고 자연스러운 일이다.

사회적 박탈감과 부동산 가격 급등으로 인한 우울증이 심화되는 것은 국가가 책임지고 해결해야 할 문제다. 하지만 개인 차원에서는 자본주의 사회에서 당연히 어렵게 쌓아온 부를 지키기 위해 증여해야 한다. 세금을 성실히 납부하고 떳떳하게 증여했다면 문제없다. 자산에 대한 이전 결정은 극히 개인적인 선택이기 때문이다.

똑똑하게 증여하는 방법

그렇다면 어떻게 증여하는 것이 좋을까? 똑똑하게 증여하는 방법은 하루라도 빨리 하는 것이다. 자녀에게 5천만 원, 미성년 자녀에게는 2천만 원까지 증여세가 면제된다. 매년 5천만 원(미성년 자녀 2천만 원)을 증여할 수 있는 것은 아니다. 10년간 합해서 5천만 원까지다.

10년간 증여 금액이 5천만 원(미성년 자녀 2천만 원)이므로 증여를 하고 10년이 지난 후 다시 5천만 원(미성년 자녀 2천만 원)을 할 수 있다. 10년간 증여할 수 있는 금액이 정해져 있으므로 증여를 빨리 하는 것이 유리하다. 아이가 태어나고 1세일 때 2천만 원을 증여하면 증여세를 내지 않는다. 주의할 것은 증여세가 나오지 않더라도 증여세 신고는 해야 한다. 세금이 나오지 않는다는 것이지 신고를 안 해도 된다는 것은 아니다. 증여한 것에 대한 증빙을 남기고 여러 가지 실무적 이유로 증여 신고를 해두는 것이 좋다.

2천만 원을 삼성전자와 같은 우량주에 장기 투자한다면 어떻게 될까? 10년 전 삼성전자는 약 1만 3천 원이었다. 당시에 삼성전자 1,500주를 사려면 1,950만 원이 필요했다. 10년 뒤 삼성전자 주식이 8만 원이라면, 1,500주는 1억 2천만 원이 된다. 500%가 넘는 수익률이다. 10세가 된 자녀의 통장에 1억 2천만 원이 생기는 것이다. 그리고 10년 후 다시 2천만 원을 증여해서 주식 등에 투자할 수 있다. 물론 주식이 10년간 올랐다는 가정하에서다. 주식이 위험하다면 ETF 등에 투자하여 최소한 물가상승률을 이길 수 있는 곳에 넣어두면 된다. 핵심은 증여를 하려면 하루라도 빨리 하라는 것이다.

이른 부의 이전은 합리적인 선택이다. 세법을 어기지 않고 투자 수익을 얻을 수 있기 때문이다. 참고로 미국은 연간 1만 5천 달러를 공제하므로 10년이면 약 1억 8천만 원 정도 공제받을 수 있다. 일본도 연간 1천만 원 정도 자녀에게 세금 없이 증여할 수 있다. 미국이나 일본은 부의 이전에 관대하다는 반증일 것이다. 우리나라는 10년간 5천만 원(미성년 자녀 2천만 원)이므로 이에 맞게 똑똑한 증여를 하면 된다.

떳떳하게 번 돈을 자녀에게 증여하는 것은 너무나 자연스러운 일이다. 편법 증여가 사라지고 좋은 선례가 쌓이면 증여에 대한 사회적 인식도 바뀔 것이다.

증여에 대한 올바른 교육

똑똑하게 증여하는 방법이 테크닉에 대한 이야기였다면 증여에 대한 올바른 교육은 돈에 대한 올바른 인식을 심어주는 것이다. 자녀에게 증여하기 전에 돈에 대한 올바른 교육이 필요하다. 부모이니까 당연히 자녀에게 물려준다는 식으로 증여한다면 자녀는 고마움을 모를 것이다. 상대적 박탈감을 느끼지 않는 정도로 끝날 것이다. 오히려 다른 친구는 부모한테 더 많이 증여받았는데, 나는 그렇지 못하다고 생각한다면 증여하지 않는 편이 좋을지 모른다.

아버지 지인 중에 대기업 사장까지 하신 분이 있다. 고위 공무원을 하시다 대기업 사장 등 여러 요직을 거친 후 퇴직하셨다. 일반적인 생각으로는 꽤 돈을 많이 모아서 노후 걱정이 없을 것 같다. 웃는 모습도 인자하셔서 영화에 나오는 노신사 이미지다.

8년 전쯤 그분이 우리 사무실로 연락을 했다. 상속 상담이 필요하다는 것이었다. 여든 가까이 되셔서 상속세 때문인가 보다 짐작했다. 그런데 뜻밖에 법적인 문제가 복잡하게 얽혀 있었다. 아들, 딸 합해서 4명의 자녀가 골치라는 것이다. 특히 막내아들은 미국 유학까지 보냈는데 매번 돈을 보내주었다고 한다. 사업을 하느라, 빚을 져서 등등 여러 가지 이유로 부모에게 손을 벌렸다. 심지어 집을 팔고 노후 생활자금인 연금까지 미리 받아서 줬다고 한다. 자신이 가진 것을 다 내주었건만 막내아들은 아버지에게 숨겨놓은 재산이 있을지도 모른다는 생각으로 소송을 한 것이다. 결국 남은 재산이 없다는 것을 확인하고 나서야 법적 다툼이 끝났다.

상담을 하면서 그분이 하신 말씀이 생각난다. "80세까지 계획을 세우고 자녀들한테 다 줬는데 더 살 것 같아서 걱정이야." 그분은 자녀에게 조건 없이 다 준 것이 잘못이라면 잘못이었다. 그리고 노후 대비를 자신이 아니라 자녀를 중심으로 한 것이 불찰이었다. 이것을 누가 뭐라고 할 수 있겠는가.

부의 이전은 후손에게 재산을 이전하는 것이다. 주는 사람보다 받는 사람의 마음가짐이 더 중요하다. 부모가 쌓아 올린 부는 피땀으로 일군 것이다. 당연히 받아야 하는 것은 없다. 자녀에게 증여할 때는 이런 기본적인 개념을 꼭 알려줘야 한다. 증여를 하는 시점뿐만 아니라 평소에 돈의 고마움과 증여에 대한 개념을 제대로 알려주어야 한다. 돈이 사람을 잡아먹는 일은 없어야 한다.

돈 앞에 가족이 무너진다

위 사례를 쓰다 보니 상속에 대한 이야기도 덧붙이고 싶다. 사람이 피할 수 없는 두 가지가 죽음과 세금이다. 세금은 더 지독해서 죽고 나서도 사라지지 않고 남는다. 짐승은 죽어서 가죽을 남기고 사람은 죽어서 세금(상속세)을 남긴다. 죽고 나면 사망 시점의 재산이 배우자나 자녀에게 이전되면서 그에 대한 상속세가 부과된다. 배우자가 살아 있다면 10억 원까지는 상속세가 면제된다. 예전에는 상속세를 낸다고 하면 어느 정도 부자라고 생각했다. 하지만 시간이 흘러 상속세 면제 금액은 10억 원 그대로이지만 자산 가격이 올랐다. 수도권 아파트 평균 가격이 11억 원을 넘으니 결국 수도권에 아파트 한 채만 갖고 있다면 상속세를 내야 할 상황이다.

재산은 남겨진 가족들이 상속받는다. 재산을 얼마나 상속받을지에 대한 법적 지분이 있는데 배우자는 1.5이고 자녀는 1이다. 예를 들어 아버지, 어머니, 누나, 남동생 4인 가족의 아버지가 돌아가셨다면 어머니 1.5, 누나 1, 남동생 1을 받는다. 아버지가 남긴 재산이 20억 원이라면 어머니는 1.5/3.5가 되고 남매는 각각 1/3.5가 법적 상속지분이 된다. 그런데 법적 지분은 최후의 비율이다. 상속인들 간에 비율을 정해놓거나 어머니와 자녀들이 협의하여 비율을 정하고 서로 동의하면 지분을 달리 상속받을 수 있다.

상속 재산을 정리하는 과정에서 종종 가족 간에 분쟁이 일어난다. 이유는 가족의 상황에 따라 너무 다양하다. 노부모를 모시고 사는 큰아들에게 재산의 대부분을 상속하기로 한 경우 다른 동생이나 가족들이 법적 상속지분을 요구한다. 부모가 살아생전 재산 분배에 대한 유언을 남겼더라도 법적 상속지분을 요구하며 소송을 벌이기도 한다. 부모님이 편찮으실 때는 얼굴 한번 보이지 않다가 상속재산이 있다는 말을 듣고 재산을 요구하기도 한다. 20년 전 막냇동생이 결혼하면서 집을 살 때 보태줬다며 상속재산을 덜

주어야 한다고 주장하기도 한다.

개개인의 사정이야 옳고 그름을 판단할 수 없지만 가족 관계는 산산이 부서진다. 상속재산을 두고 분쟁이 일어나 형제간에 인연이 끊어지는 경우도 있다. 법대로 하자는 말은 감정싸움이 돼버린다. 몇 년간 소송으로 돌아가신 부모의 재산과 계좌를 모두 확인하고 나서도 '따로 줬겠지'라며 믿지 않는다.

돈 앞에서 가족의 끈끈한 관계가 한순간에 무너져버린다. 상속재산은 선대의 재산을 이전받는 것으로 감사한 마음으로 받아야 한다. 부동산 가격이 유례없이 상승하고 집 한 채 사기조차 힘든 세상에서 더 각박해졌는지도 모른다. 재산이 많다고 해서 분쟁이 더 많은 것도 아니다. 재산의 많고 적음과 관계없이 상속재산을 확보하지 않으면 안 된다는 마음이 큰 것 같다. 몇 년간의 법적 싸움으로 세금과 소송비로 재산을 탕진하는 경우도 많다.

돈을 되돌아보는 시간

돈 때문에 가족과 불화가 생겼을 때 가장 큰 손실은 가족을 잃는 것이다. 각자 결혼해서 가정을 꾸렸으니 형제자매는 서로 안 봐도 될까? 돈 때문에 가족끼리 싸우고 돈 때문에 이혼한다면 부자가 되고 돈을 버는 의미가 있을까? 돈이 넉넉하다면 싸움도 나지 않을까? 돈이 어중간하게 있어서 싸움이 날까? 어쨌든 돈이 삶이 되는 것은 불행한 일이다.

돈 자체를 되돌아보는 시간을 가지는 것이 좋다. 상속은 부모님의 재산을 물려받는 것이므로 재산 자체보다 부모님의 마음을 이해해보자. 부모님이 주신 재산을 소중하게 생각하고 더 열심히 사는 계기가 되어야 한다. 부모님이 편찮으실 때 찾아보지 않은 것에 대한 반성은 하지 않고 남은 재산에 대한 법적 상속지분을 요구하는 것은 도리가 아니다.

가족이라도 상속이라는 큰 사건 앞에서는 각자의 입장과 생각이 다를 수밖에 없다. 하지만 가족끼리 해결하지 못할 것이 없다. 부모님의 뜻은 무엇일까 생각해보는 시간이 필요하다. 돈 앞에서 가족이 무너지는 것을 보면서 돈의 무서움을 실감하기도 한다.

상속으로 나쁜 사례만 있는 것은 아니다. 어려운 동생에게 상속을 더 해주려는 가족들도 많다. 동생은 아직 집이 없어서, 또는 아직 결혼을 안 했으니 아버지 재산을 다 줘도 되는지 물어보는 사람들도 있다. 또는 큰형이 아버지를 모시며 궂은일을 도맡아 했으니 모두 상속받는 것이 마땅하다고 먼저 이야기하는 사람도 있다.

상속에 대한 법적 지분은 최후의 재산 정리 방법이지 모든 가족의 사정을 정해주지는 않는다. 남도 배려하는 세상에 가족을 위해 서로 양보하고 이해하는 것이 어렵지 않을 것이다. 돈을 많이 벌고 부자가 되려는 것도 가족을 위해서이다. 없어도 생활하는 데 문제없는 돈이라면 욕심 부리지 말자. 사람보다, 특히 가족보다 돈이 먼저라면 결국 외로운 세상에 홀로 남겨지게 될 것이다.

5장

무적이 되는
돈 관리

부자의
경험을 사라

저 사람은 어떻게 부자가 됐을까

부자는 어떻게 부자가 되었을까? 그들은 무엇이 달랐고 어떤 생
각을 했던 것일까? 부자가 되기 전에는 나처럼 그저 평범한 사람
이었던 것 같은데, 무엇이 나와 달랐던 것일까?

부자는 어떻게 되는 것인지, 부자들이 돈을 많이 벌게 된 구체
적인 방법을 알고 싶다. 우리는 충분히 열심히 할 마음과 열정이
있으므로 방법만 알면 돈을 많이 벌 수 있을 것 같다. 서점에 가보
면 부자가 되는 비밀을 알려준다고 홍보하는 책들이 많다. 하지만
부자가 되기 위해 실천할 수 있는 것들은 많지 않다. 긍정 마인드,
열정, 도전 정신은 지금도 충분하지만 아직 노력이 부족한 것인지
부자가 되는 길은 멀어 보인다.

열심히 하는 것만으로는 부족한 것이 사실이다. 부자들은 사고

방식 자체가 다르다고 생각한다. 부자들은 그렇지 않은 사람들과 다른 결정을 한다. 물론 대부분의 부자들도 대부분의 도전에 실패했다. 그러한 실패를 이겨내고 결국 큰 성공을 거두어 현재의 부를 쌓았다. 하는 일마다 성공하는 사람은 없다.

돈을 벌기 위해 부자들의 마인드를 배워야 한다. 실패를 하고 어떻게 재기를 노리는지, 성공하기 위한 의사 결정은 어떻게 하는지, 과감하게 투자할 때는 어떤 생각을 하는지 간접적으로라도 배워야 한다. 그리고 부자들처럼 생각할 수 있도록 체득해야 한다. 내가 원하는 성공을 거둔 사람들의 유형을 추리고, 나도 그들의 반열에 오를 수 있도록 그들과 같은 마인드를 구축해야 한다.

부자들의 다른 점

큰 부자들은 대부분 가진 돈을 불려서 부자가 된 것이 아니다. 대부분 투자를 받아 사업을 확장해서 성공했다. 투자자들은 성공할 가능성이 있는 사람들의 능력을 알아보았다. 애플의 스티브 잡스, 아마존의 제프 베이조스, 알리바바의 마윈이 그렇다.

그들은 매우 창의적인 아이디어를 떠올릴 줄 알고 그것을 거침없이 실행한다. 사람들의 불편함을 천재적인 감각으로 포착하고 그 문제를 해결하는 제품을 선보였다. 세상을 바꾼 제품들은 대부분 그렇게 시작되었다. 그중에는 누구나 생각할 수 있었던 것들이 대부분이다. 몇 년 전만 해도 배달이 가능한 음식은 중국집이나 피자 정도밖에 없었다. 도미노피자는 맛있는 피자를 빠르게 배달하는 것을 경쟁력으로 삼았다. 지점마다 배달 직원을 뽑아서 급여를 주고 관리했다. 사실 도미노피자만 해도 획기적이었다. 주문한 피자가 1시간 이내에 배달되어 오니 말이다.

그런데 요즘에는 배달되지 않는 음식이 거의 없다. 배달의민족, 요기요, 쿠팡이츠 등 배달 대행업체들의 등장으로 사람들은 배달비를 추가로 내더라도 음식을 시켜 먹는다. 오히려 이제는 배달되지 않는 맛집이 이상할 정도다.

배달의민족은 딜리버리히어로라는 회사에 무려 약 4조 8천억 원에 매각되었다. 배달대행업의 시작이 모든 음식점의 배달이 가능하도록 만든 것이다. 비슷한 생각을 하는 사람들은 많았겠지만 배달의민족은 실제로 고민하고 실행해서 성공했다. 부자들은 이렇게 문제를 찾아내고 창의적인 생각을 실현하는 능력을 가지고 있다.

왜 대부분의 사람들은 비슷한 생각을 하면서도 실행하지 않을까? 우선 현실적으로 돈 때문이다. 사업을 시작하려면 돈이 너무 많이 든다. 홈페이지와 앱도 개발해야 하고 사무실 유지 관리, 직원 월급도 모두 비용이다. 하지만 부자가 된 사람들은 비용을 걱정하기보다는 구체적으로 계산을 한다. 사업 계획을 세우고 무엇이 필요한지 돈은 얼마가 드는지 치밀하게 계산한다. 그리고 가장 중요한 실행을 한다.

내가 아는 부자들은 지나칠 정도로 치밀하게 계산하고 확인한다. 돈의 흐름 자체를 실시간으로 만드는 것이다. 아무것도 하지 않고 생각만 해서는 돈이 생기지 않는다. 내가 갖고 있는 돈과 시간, 자원에 대해 정리하고 계산하고 여러 가지 가능성을 찾아야 한다.

자수성가한 부자와 물려받은 부자

자수성가로 부자가 된 사람들은 대대로 부자였던 사람들보다 더 존중받아야 한다. 하지만 두 가지 유형의 부자들에게 각각의 다른 마인드를 배울 수 있다. 자수성가로 부자가 된 사람들에게는 드라마 같은 스토리가 있다. 대부분 우리 부모님 세대가 그렇다. 어려운 시절을 겪으며 열심히 노력해서 자녀들에게 부를 이전해주셨다. 나의 아버지도 다르지 않았다. 가난한 어린 시절 추운 방에서 밥을 먹는데 공깃밥이 얼어 숟가락이 들어가지 않았다고 한다. 눈에 선한 듯 웃으면서 이야기하셨는데, 그렇게 해서 나에게 크나큰 부와 사랑을 물려주셨다. 아버지는 가난을 이기려고 일을 하면서 공부해 세무공무원이 되셨고, 얼마 지나지 않아 세무사가 되셨다. 나도 아버지의 영향을 받아 세무사가 되었다.

자수성가로 부를 이룬 사람들은 돈에 대한 소중함을 누구보다 잘 알고 있다. 부자가 된 밑바탕이 바로 절약이기 때문이다. 그만큼 돈에 대한 철학이 탄탄하다. 돈을 쓸데없이 낭비하지 않고 잘 지킨다. 그렇게 성공의 길을 뚜벅뚜벅 걸어간다. 자수성가로 부자가 된 사람들에게 배워야 할 것은 돈에 대한 굳건한 철학과 성공을 위한 준비다.

반면 부를 물려받은 부자는 돈으로 돈을 버는 능력이 탁월하다. 자본주의 사회에서 돈이 어느 정도 있다면 할 수 있는 것들이 많다. 실패를 하더라도 기반이 있으므로 계속 도전할 수 있다. 그런 면에서 자수성가한 부자보다 유리해 보인다. 물려받은 돈으로 돈을 만드는 능력도 충분히 존중받아야 한다. 돈을 지키지 못하고 금세 잃어버리는 경우도 많기 때문이다.

어떤 부자가 더 좋은지 쉽게 판단할 수 없다. 현실적으로 생각해보면 자수성가형 부자들에게서 배울 점이 많을 것이다. 금수저로 태어나 충분한 자금을 물려받은 경우는 많지 않다. 지금은 모두 먹고살 만큼 풍족하므로 자수성가형 부자의 의미가 예전과 다를 수는 있다. 하지만 오직 자신의 노력으로 부자가 되었다는 것은 변함없다.

어떤 유형의 부자가 좋은지 생각해볼 필요는 없다. 자수성가형 부자에 초점을 맞추되 여러 부자들의 장점과 생각을 배우면 된다. 부자가 되는 과정에서 어떤 생각을 했는지를 알면 된다. 부자들은 공통적으로 시간을 쓸데없이 낭비하지 않고 미래에 투자한다. 우리도 부자들의 생각을 배우고 부자가 된 것처럼 행동하면 돈을 바라보는 시각이 달라질 수 있다.

돈의 흐름을
파악하라

돈에 둔감한 채로 사업하기

사업은 돈을 벌고 돈을 쓰는 행위의 연속이다. 사업을 하면 돈이 오가는 것을 정리해야 한다. 돈의 흐름을 파악해야 하는 직접적인 이유는 국세청에 재무상태표나 손익계산서 등의 회계보고서를 최소 1년에 한 번은 제출해야 하기 때문이다. 무엇보다 사업을 잘하기 위해서는 내 돈이 들어오고 나가는 것을 제대로 확인해야 한다. 사업을 하는데 '내 수입과 지출을 관리하는 것이 당연하지 않나?'라고 생각하겠지만, 실제로는 숫자만 보면 골치 아파서, 다른 일로 너무 바빠서 등 여러 가지 이유로 돈의 흐름에 둔감한 사람들이 많다.

개인사업은 다음해 5월이나 6월, 12월 결산법인이라면 다음 해 3월에 회계보고서를 작성해서 제출하고 국세청에 세금을 납부한다. 사업을 하면 늘 손익을 파악하고 있어야 한다. 그런데 많은 사람들이 1년에 한 번 세금을 낼 때 비로소 자기 사업의 손익을 파악한다. 물론 대략적인 매출과 고정 비용은 알고 있지만 실제 손익과 통장 잔고를 확인하는 경우는 많지 않다.

현금흐름을 모르면 돈과 멀어진다

많은 사람들이 돈의 흐름에 대한 중요성을 잘 모른다. 알고 있다 해도 귀찮고 번거로운 과정이어서 문제가 생기지 않는 한 신경 쓰지 않는다. 숫자에 약하다거나 회계장부를 작성하기 힘들다는 이유로 돈의 흐름을 파악하는 일 자체를 포기해버린다.

돈을 벌고 싶다면 목표 금액을 설정하라고 한다. "10년 안에 10억 원을 벌 거야!"라고 정해놓기만 하면 벌 수 있다고 한다. 구체적인 목표 설정이 얼마나 중요한지를 강조하는 말이다. 그런데 목표만 정해놓는다고 이루어질 리 없다. 목표 금액을 정하기 위해서는 구체적인 전략이 필요하다. 구체적인 전략을 짜려면 우선 돈의 흐름을 파악해야 한다. 내 고정 수입은 얼마이고 내 지출은 얼마이니 수입을 늘리든지 지출을 줄여야 1억 원이든 10억 원이든 모을 수 있다고 말이다. 10년 안에 10억 원을 벌기 위해서는 1년에 1억 원씩 모아야 하고, 그러기 위해서는 얼마를 어떻게 투자해야 하는지 톱다운 방식으로 계획을 짠다.

대부분의 사람들은 돈을 벌고 싶은 마음은 있지만 돈을 관리할 생각이 없다. 돈의 흐름을 파악하고 관리하는 것만으로 돈을 버는 것은 아니다. 하지만 확실한 것은 돈에 대한 관리가 되지 않으면 돈을 벌 수 있는 기회조차 없다는 것이다.

김승호 회장은 《돈의 속성》에서 일정하게 들어오는 돈의 힘, 즉 현금흐름의 중요성을 이야기한다. 현금흐름이 일정하게 유지되어야 경제적으로 삶이 윤택해진다고 한다. 또한 그는 돈의 흐름에 대한 중요성을 수입 측면에서도 이야기하고 있다. 매월 들어오는 일정한 현금 수입을 가치로 환산해보면 상상보다 크다는 것이다.

돈을 번다는 것은 일확천금을 노리는 것이 아니라 매월 들어오는 돈을 늘리는 과정이다. 하지만 대부분의 사람들은 큰돈을 버는 꿈을 꾼다. 주식과 부동산에 투자해서 큰돈을 버는 것만이 당장 해결해야 하는 문제라고 생각한다. 이런 큰돈을 벌 기회도 매월 들어오는 돈의 흐름을 정확히 파악하는 사람에게 온다. 돈의 흐름을 정확히 알고 있어야 큰돈을 벌 수 있는 곳에 투자할 수 있다.

성실한 돈은 일정한 수입에 일정한 지출을 차감해서 얻은 돈이다. 성실한 사람에게 기회가 찾아오는 것처럼 성실한 돈이 많아야 큰 기회가 왔을 때 붙잡을 수 있다. 《돈의 속성》에서 김승호 회장은 큰돈이 들어오면 어디에 쓴 줄도 모르게 없어지기 쉽다고 한다. 평소에 돈의 흐름을 관리하지 않았기 때문이다.

일정하게 들어오는 돈의 힘에 대한 김승호 회장의 생각에 동의한다. 다만 돈의 흐름을 파악하는 사람이라면 큰돈도 지배할 수 있다고 생각한다. 돈의 흐름에 익숙한 사람은 일정하게 들어오는 돈이 아니더라도 한 번에 돈을 모두 소비하지 않고 계획을 세운다. 돈의 흐름에 대해 제대로 알고 앞으로의 돈의 흐름을 스스로 만들 수 있다.

돈의 흐름을 정확하게 파악하는 것이 성공의 비밀이다

급식 재료와 식자재를 유통하는 법인을 운영하는 사장님이 있다. 주로 냉동식품을 수입해서 국내에 유통한다. 이 법인은 철저하게 매일, 그리고 매월 돈의 흐름을 파악한다.

"세무사님, 세무상 결산서와 회사의 자금 보고서가 52원 정도 차이 나는데 왜 그렇죠?"

"52만 원이 아니고 52원요? 아마도 단수 차이일 것 같습니다. 환율 계산을 할 때나 돈을 정산할 때 원 단위는 반올림해서 계산하는 경우가 있거든요."

"그럼 단수 차이가 얼마나 나는지도 확인해봐야겠네요."

세무사인 나도 머리가 멍해졌다. 단수 차이까지 확인하다니! 단수 차이는 환율 차이나 일반적인 거래에서 계산이 딱 떨어지지 않는 경우 반올림을 해서 쌓인 금액이다. 계산상의 사소한 이유로 생긴 단수 차이가 쌓여 합계 금액이 달라질 수 있다. 보통 단수 차이라고 설명하면 '아! 그렇군요' 하고 넘어간다. 그런데 이 회사는 단수 차이의 원인까지 궁금해한다. 적은 돈 차이를 대수롭지 않게 넘기다 보면 그것이 쌓여서 큰 차이가 생길 수 있다. 이 회사가 단수 차이를 관리한다는 것 자체가 중요한 것이 아니라 돈을 대하는 태도가 남다른 점에서 놀라웠다.

단수 차이까지도 원인을 찾을 수 있는 것은 매일의 자금흐름을 관리하기 때문이다. 회사의 자금흐름을 거의 실시간으로 파악하는 것은 사업상 중요한 판단을 할 수 있는 힘이 된다. 회사의 수입과 비용의 차이를 정확하게 파악한다면 사업의 호황과 불황 모두 대처할 수 있다.

코로나19로 급식이나 식자재 회사들의 타격이 컸다. 코로나19가 장기화되면서 걱정되는 거래처가 하나 있었다. 실제로 음식점을 하는 자영업자들이 장기적 불황으로 폐업하고 있었고, 식자재 회사도 다르지 않았다. 주로 급식 유통을 하는 그 회사는 1년 넘게 학교가 쉬면서 매출이 거의 일어나지 않았다. 하지만 이 회사는 급식 수요가 줄어든 만큼 거래처를 다각화하는 기회로 삼았다. 결국 코로나19 상황에도 연간 매출은 더 늘었으며 실제 재무 상태도 건실하게 유지하고 있다.

어려운 상황에서 이 회사가 성장할 수 있는 것은 역시 돈을 정확하게 파악하고 상황에 빠르게 대처했기 때문이다. 들어오는 돈과 나가는 돈이 얼마인지 파악하고 있으면 들어오는 돈이 줄어들 때 재빨리 사업적 판단을 할 수 있다. 돈의 흐름을 정확히 파악하는 능력이 위기에서도 더 많은 돈을 벌 수 있는 힘이 된다.

돈의 흐름을 파악하기 쉬운 방법을 찾아보자

사업을 하지 않는 경우도 마찬가지다. 근로소득만 있는 경우 통장 잔고 정도만 알고 있을 뿐 내 돈이 얼마나 들어오고 얼마나 나가는지를 제대로 알지 못한다. 매월 신용카드 결제대금을 보고 놀라기는 하는데, 내가 어디에 썼는지는 거의 기억나지 않는다. 사업을 하지 않는 경우에는 연간 재무보고서를 작성하지 않으므로 돈의 흐름에 거의 신경 쓰지 않는다. 1년에 한 번 연말정산을 할 때 총급여를 확인하고 얼마나 환급받는지를 궁금해할 뿐이다. 아마 연말정산을 할 때 자신의 연봉을 알게 된 사람들도 많을 것이다.

더 놀라운 것은 근로자들은 세금을 얼마 내는지 잘 모른다는 것이다. 연말정산을 할 때 얼마를 돌려받는지만 신경 쓸 뿐 세금을 얼마나 내는지 별 관심 없다. 유리지갑이라고 불평만 할 뿐이다. 매월 세금을 얼마나 내는지, 건강보험료는 얼마나 올랐는지 관심을 가져야 한다. 내 귀중한 돈을 세금으로 내면서 크게 관심이 없으니 들어오는 돈은 그대로 지출로 나갈 뿐이다.

마음만 먹는다면 수입은 쉽게 확인할 수 있다. 근로소득자라면 월급을 확인하면 되고 사업자라면 통장에 찍힌 수입을 확인하면 된다. 수입에 비해 지출 관리가 좀 더 어려운데 우선 돈을 쓰기 전과 후를 비교한다.

체크카드 사용법에서 이야기했듯이 지출할 때마다 정리하는 것이 아니라 월 예산을 정해두고 거기에 맞춰서 쓰는 방식으로 관리해야 한다. 돈을 쓰기 전에 고정예산을 만들어두는 것이다. '이번 달은 100만 원만 쓸 거야!' 100만 원에서 고정비를 제하고 쓸 수 있는 돈이 얼마인지를 예상해서 돈을 써야 한다. 예산에 맞춰서 돈을 쓰기 위해 지출통장에 돈을 넣어두고 체크카드를 쓰면서 어디에 사용했는지 확인한다.

이 방법은 여행을 갈 때도 응용할 수 있다. 3일간 가족여행을 하기로 했다면 우선 호텔 예약을 제외한 비용을 미리 정해서 통장에 넣어두고 체크카드를 쓰는 것이다. 여행은 즐기러 가는 것이니 좀 넉넉한 마음으로 예산을 정해두는 것도 좋다. 그러면 여행을 떠나서 돈 때문에 걱정할 일은 없을 것이다.

수입과 지출을 알면 돈의 흐름을 바로 확인할 수 있다. 전달 통장 잔액에서 수입과 지출의 차액만 더하거나 빼면 된다. 당연한 이야기지만 덧셈이 되도록 해야 한다.

금융사기,
알면 피할 수 있다

너무 좋아 보이는 것은 사기일 가능성이 크다

사실 사람들은 거짓말을 잘 구분하지 못한다. 자기는 다른 사람들처럼 속아넘어가지 않을 거라고 생각한다. 하지만 그렇게 생각하기 때문에 속는 것이다. 보이스피싱 피해자들은 뭔가에 홀려 있었다고 말한다. 내가 속을 줄 몰랐다고 말이다. 갈수록 지능화되는 보이스피싱에 당하지 않으려면 보이스피싱에 노출되지 않는 것이 최선이다.

사기꾼들은 평범한 사람들의 일반적인 신뢰를 이용한다. 거짓말인지 구분하기 힘든 상황에서 이야기를 듣고 신뢰를 쌓아간다. 결국 사기를 당했다는 것을 알게 되었을 때 신뢰가 무너진다. 하지만 그때는 이미 돈을 빼앗긴 후이다.

하루에도 수십 번씩 주식, 복권 당첨, 계좌 입금에 관한 스팸 문자가 온다. 주식투자가 열풍인 요즘은 돈을 조금만 지불하면 전화로 주식을 선정해주고 사야 할 가격대와 팔아야 할 가격대를 알려준다. 나도 주식투자를 처음 할 때 그런 사람들에게 돈을 주고 정보를 받으려고 한 적이 있다.

내가 경험한 수법은 이랬다. 그들은 오르는 주식을 분석해서 미리 연락을 준다고 한다. 1개월 100만 원, 3개월 200만 원 등 기간이 늘어날수록 월 단위 수수료는 적어진다. 요즘은 이런 유형의 주식 사기가 많이 알려져 있지만 내가 처음 주식을 할 때는 그렇지 않았다. 처음에는 1개월만 해보겠다고 하니 단체톡방에 초대해주었다. 단체톡에서는 돈을 많이 벌고 있다고 인증하는 사람들이 개인톡으로 주식을 몇 개 선정해서 알려주었다.

하지만 개인톡으로 알려주는 것은 많지 않았다. 단체톡방에서 주식신으로 불리는 리더는 주식 공부를 해야 한다며 차트에 대한 스터디를 요구했다. 결국 주식으로 돈을 벌지 못한 것은 공부가 부족해서라는 것을 강조했다. 아마 단체톡방에 있는 사람들 대부분은 같이 일하는 사기꾼들이었을 것이다. 단체톡의 분위기를 몇몇이 장악하고 그들이 주로 이야기한다.

며칠만에 당했다는 느낌이 들어서 참여하지는 않았다. 당연하지만 이런 정보로 돈을 벌지 못했다. 나 자신이 부끄러웠다. 아무것도 모르면서 남들이 골라주는 정보로 돈을 벌 수 있다고 생각한 것 자체가 말이 되지 않았다. 수업료로 생각하고 주식을 산 돈을 모두 인출했다. 준비되어 있지 않았기 때문이다.

소액 이체를 유도하는 선급금 사기

돈을 허무하게 뺏어가는 몇 가지 전통적인 수법들이 있다. 성실하게 살고 있는 우리가 당하지 않기 위해 어떤 사기 수법이 있는지 알고 있어야 한다. 카톡이나 문자로 피싱을 하거나 휴면예금이 남아 있다고 조회를 요구하고, 저리의 대출로 대환해주겠다며 사기를 치는 것이다. 그들은 주로 사업자금이 부족한 자영업자를 상대로 사기 행각을 벌인다.

내가 아는 사장님의 경험이다. '○○소상공인지원단'과 같이 국가기관을 사칭해서 갖고 있는 대출의 이자가 고리이므로 저리 대출로 대환해주고 추가로 좀 더 대출이 가능하도록 도와준다고 했다. 정보가 누출된 것인지 사전에 대출 내역을 알고 있었다고 한다. 우선 심사를 도와준다고 하며 재무제표를 요구해서 이리저리 확인한다. 그리고 부채가 많아서 또는 매출이 감소해서 약간의 선급금을 보증금으로 내야 한다고 한다. 당장 소액을 보내주면 거액을 받을 수 있게 해주겠다는 것이다. 그런데 소액을 보내고 나서 아무리 기다려도 거액은 들어오지 않는다. 다행히 재무제표를 요구하는 시점에 나에게 연락했다. 다른 곳에서는 대출이 어려운데 재무제표 좀 확인하고 저리로 대출을 해주겠다고 하는 것이 이상했다. 사장님도 이상하다고 생각해 결국 실제 대출을 하지 않았다.

오래전부터 이런 수법은 널리 이용되었다. 일명 나이지리아 선급금 사기다. 나이지리아의 왕자를 사칭하여 사전에 신뢰할 만한 서류를 위조하고 거액의 투자를 하거나 기부를 하겠다고 유인한다. 그리고 수수료나 인지대 등의 선급금을 요구하여 돈을 뺏는다. 이런 수법이 이메일, SNS로 진화되고 있다.

주식이나 암호화폐 관련 사기

일명 '펌프 앤 덤프' 사기다. 주가나 가치를 조작해서 사기를 유도하는 것이다. 가치가 없는 곳에 투자를 유도하고 펌핑을 해서 가격을 올린다. 이때 사람들은 명확한 이유도 모른 채 더 투자한다. 사기꾼들은 충분히 오른 시점에 모두 팔아서 수익을 얻고 결국 투자한 사람들만 덤핑되어 돈을 잃는다.

최근에는 암호화폐를 가지고 이런 방법들이 주로 사용되었다. 어떤 코인이 갑자기 가격이 오른다면 사람들이 몰려들어 가격이 더 오른다. 이때 가담자들은 코인을 팔아버린다. '이런 사기에는 당하지 않는다'고 생각할지 모르겠지만 이 과정이 불과 몇 분 사이에 이루어진다. 코인은 특히 일확천금을 바라며 아무런 근거 없이 투자하는 경우가 많아 펌프 앤 덤프에 걸리기 쉽다. 요즘은 금융감독원 등에서 고발하기는 하지만 모든 사기를 걸러낼 수 없고, 특히 암호화폐는 주식처럼 제도권에서 관리하지 않기 때문에 더욱 주의해야 한다.

돌려막기 식 폰지 사기

희대의 사기꾼 찰스 폰지(Charles Ponzi)의 이름에서 따온 '폰지 사기'는 지금도 여러 곳에서 볼 수 있다. 이 수법은 무조건 90일 안에 투자금을 2배로 불려주겠다고 약속한다. 90일 안에 200%의 수익을 올려주겠다고 하면 사기는 아니겠지만 실제로는 새로운 투자자를 모아 기존 투자자에게 수익을 주는 돌려 막기 수법이다.

이것이 가능할까? 한꺼번에 많은 사람들이 상환을 요구하지 않거나 계속해서 많은 사람들을 모으면 수십 년간 이어갈 수 있다. 처음에 몇 사람 모으기는 어렵겠지만 초기에 투자한 사람들이 수익을 봤다고 주위에 소문을 많이 낼 것이다. 다른 곳에서 투자한 것보다 많은 투자금을 돌려주므로 소문이 날수록 사람이 모이고 사기 수법은 갈수록 쉬워진다. 요즘은 2배의 수익을 보장하지 않아도 가능하다. 저금리 시대에 7~8% 수익도 충분히 달성 가능하기 때문이다. 폰지 사기꾼에게는 진입 장벽이 낮아지는 것이다.

폰지 수법의 핵심은 사람들의 신뢰를 이용하는 것이다. 특히 친한 사람들의 신뢰를 기반으로 한다고 해서 동족사기라고 불리기도 한다. 고등학교 동창, 같은 종교 등에서 시작되는 경우가 많다.

사기에 대처하는 방법

사기와 과장은 칼로 베듯이 명확하게 구분할 수는 없다. 어떻게 보면 돈을 뺏기고나서 사후적으로 판단할 수밖에 없다. 하지만 여러 가지 사기 수법을 알아둘 필요가 있다. 어려운 상황을 틈타서 전통적인 방법으로 얼마든지 사기를 칠 수 있기 때문이다. 코로나 19 시대에 특히 어려운 자영업자들에게 접근하는 대출 사기와 암호화폐가 붐인 시기에 펌프 앤 덤프 사기가 활개를 칠 수 있다. 절박한 마음에 나도 모르게 당하는 것이다.

일확천금을 얻는 것은 로또에 당첨되거나 어느 날 갑자기 먼 친척이 거액을 상속하는 것과 같이 드라마에 나오는 일인지도 모른다. 사람들을 의심하면서 살아갈 수는 없다. 주위에 선량한 사람들이 많을수록 사기꾼은 티가 나게 마련이다. 돈을 쉽게 버는 것을 본능적으로 거부하기 때문이다. 돈을 버는 쉬운 방법일수록 의심해보고 최대한 정보를 얻은 후 결정해야 한다.

읽는 인간은
어디에나 통한다

책은 최고의 투자처다

책 속에는 저자의 생각과 이야기의 바탕이 되는 작은 세상들이 있다. 그런 점에서 서점은 마치 우주와 같다. 다양한 분야의 책을 읽으면 성공한 사람들의 사고방식, 행동양식 등에 대해 많은 힌트를 얻을 수 있다.

책은 최소한의 비용으로 최대의 효과를 볼 수 있는 최고의 투자처다. 과장해서 말하면 부자가 되는 답은 서점에 있다. 유명한 사람과 부자, 심지어 해외 부자들의 생각을 책으로 읽을 수 있다. 그들의 마인드와 생각을 읽으면 어느새 내 행동과 마인드가 달라질 것이다. 그런 생각이 쌓이면 돈을 벌 수 있는 힘이 생긴다.

책에서는 돈 버는 방법을 가르쳐주지 않는다고 말하는 사람들도 많다. 실전과 경험이 중요하기 때문이다. 하지만 책을 읽어야 무엇을 경험하고 실천해야 하는지를 알 수 있다. 책을 읽는 것은 무엇인가를 하기 위한 준비 단계이다. 커피 3잔 가격으로 한 사람의 생애 스토리를 살 수 있다. 얼마나 남는 투자인가.

책을 읽는 방법

책을 읽는 것도 사람마다 스타일이 다른데, 내가 사용하는 방법 중 몇 가지를 소개한다.

첫째는 무조건 처음부터 책 한 권을 다 읽으려고 하지 않는다. 책 읽는 것에 익숙하지 않으면 '책 한 권을 언제 다 읽지?'라는 생각에 처음부터 싫증을 느낄 수 있다. 책 읽는 것도 연습이 필요하다. 몇 권 정도 읽다 보면 한 권 정도는 금방 읽을 수 있다.

우선 좀 더 편하게 시작하는 것이 중요하다. 책을 읽다가 재미없으면 그만 읽어도 된다. 책 내용이 너무 어렵다면 일단 덮어두고 다른 책을 읽는다. 그 책은 나중에 다시 펼쳐봐도 된다.

둘째는 책은 오래 읽어야 한다는 생각을 버린다. 오랜 시간 책을 읽기는 어렵다. 나는 길어야 30분에서 1시간 정도 읽는다. 책에 따라 조금 차이는 있지만 30분 정도면 꽤 많은 분량을 읽는다. 그렇게 얼마나 읽었는지 확인하면서 읽는다. 소설은 몰입하기 쉽기 때문에 좀 더 오래 읽을 수 있다. 드라마 정주행을 5시간, 10시간 해본 사람이라면 책도 끈기 있게 읽을 수 있다.

참고로 나는 책을 동시에 2권 읽는다. 비슷한 분야이든 다른 분야이든 상관없다. 장소별로 책을 놓아둔다. 한 권은 집에 두고, 한 권은 들고 다닌다. 그렇게 해서 시간 나는 대로 책을 읽는다. 점심을 먹으면서, 일을 하다가도 잠깐씩 책을 읽는다. 집에서는 조용한 저녁 시간에 책을 읽는다.

전자책도 한 권씩 골라둔다. 신호 대기 중이거나 엘리베이터를 기다릴 때도 짬짬이 읽는다. 종이책을 읽기 어려운 상황에서는 밀리의 서재나 리디북스 등을 통해 전자책을 읽는다.

독서도 연습이 필요하다

책에 따라 읽는 방법이 다르면 좋다. 빨리 읽어나가면서 마음에 드는 부분은 따로 정독하는 것도 좋다. 문장 하나하나에 집중하지 않고 메시지만 얻으면 되는 책들도 있다. 그런 책들은 빠르게 읽는 것이 좋다. 《칭찬은 고래도 춤추게 한다》, 《아침형 인간》과 같은 책들이 이와 관련된 유형이다.

책을 고르는 것도 중요하다. 넷플릭스에서 보고 싶은 영화나 드라마를 고르는 것과 비슷하다. 읽고 싶은 책을 발견하면 캡처해두거나 찜해놓는다. 하지만 책을 미리 사놓지는 않는다. 다른 읽고 싶은 책이 생기기도 하기 때문이다. 정치적인 내용은 피하는 편이다. 관심 분야가 아니기도 하지만 내 생각과 비슷하지 않으면 읽히지 않는다.

독서 목록을 작성해두면 좋다. 잘 실천하지는 못하지만 책을 읽고 나면 리뷰하는 시간이 필요하다. 그래야 책의 내용이 머릿속에 남는다. 블로그 등에 서평을 적어두는 것도 좋다. 길게 쓰지 않더라도 어떤 책인지 짤막하게 적어두면 나중에 쓸모가 있다.

돈 장부(책)도 손에서 놓지 마라

장부를 책처럼 늘 옆에 끼고 읽었던 거래처 법인 대표가 있다. 그분의 회사는 해외에서 청바지 등 의류를 수입하여 국내에 유통하는 사업을 한다. 그분의 지론은 장부를 책처럼 늘 옆에 두고 읽어야 한다는 것이다. 그분은 장부를 작성할 때도 손으로 직접 적는다. 요즘은 전자 세금계산서를 주고받고 신용카드를 사용하면 지출의 대부분이 전산에 기록된다. 완벽하지는 않지만 매출과 매입을 대략적이나마 전자 형태로 알 수 있다. 이런 시대에 수기 장부를 작성하는 사람은 많지 않을 것이다. 아니, 거의 없을 것이다. 나와 거래하는 사장님들 중에는 그분이 유일하다.

수기 장부는 수입과 지출, 외상대 등을 기록하는 단순부기 형태이다. 검정색 하드커버 노트에 빨간 줄이 세로로 그어져 있다. 아마 전자장부를 만들기 전에 회사에서 사용하던 경리장부인 것 같다. 이 장부에 매출과 매입을 기록하고 거래처 외상대를 날짜별로 정리해놓는다.

법인은 분기마다 부가가치세를 신고하고 12월 결산법인은 다음 해 3월에 법인세를 신고하고 납부를 해야 한다. 최소한 1년에

한 번 회계장부를 작성하고 세금 계산을 한다. 회계와 세법을 알아야 장부 작성이 가능하기 때문에 대부분의 회사가 세무사에게 장부 작성을 맡긴다. 분기에 한 번씩 부가가치세를 계산하기 위해 회사의 자료를 받으러 방문하면 그 대표는 이렇게 말한다.

"이번에 세금이 이 정도 나오죠? 맞는지 확인 한번 해보고 틀리면 바로 알려주세요. 이유를 알려줄 테니까."

그분은 부가가치세 신고나 법인 결산을 하기도 전에 이미 세금이 얼마 나올지 알고 있다. 약간의 차이는 환율이나 재고 차이 정도이다. 보통은 장부를 작성하고 나서 부가가치세나 법인세를 계산하는데, 그분은 미리 회사의 돈에 대해 철저하게 파악하고 세금까지 계산해둔다.

그분은 복잡한 세금에 대해 잘 알고 있는 것이 아니다. 회계와 세금은 내가 컨설팅하고 처리하면 된다. 거래의 기본 사항인 매출과 매입, 거래처별 장부 작성만으로도 대부분의 관리가 가능한 것이다. 엑셀을 사용하는 것도 아니다. 그분의 수기 장부를 보지 못했다면 세무사가 장부를 만들어야 회계 관리를 할 수 있다고 생각했을 것이다. 이제는 수기 장부를 잠깐 빌려서 거래처의 외상 상황을 확인한다.

그분을 뵐 때마다 새삼 대단하다는 생각이 든다. 회계에 관한 지식의 문제가 아니라 실천의 문제이기 때문이다. 30년 넘게 꾸준히 성장하고 있는 그 회사는 최근에 코로나19 위기에도 대형 할인마트에 납품 계약을 해서 매출이 상승하고 있다.

자금 관리가 되지 않은 이유는 잘 몰라서가 아니다. 돈에 대해 철저하지 않기 때문이다. 돈을 대하는 것은 기술의 문제가 아니다. 내 돈을 지키고 버는 것은 관리하는 마인드와 실천에 달려 있다. 내가 철저할수록 돈은 더 쌓여갈 것이다.

책을 가까이 두고 있다는 것은 늘 문자를 읽을 준비 태세를 갖추고 있다는 뜻이다. 장부를 늘 곁에 두고 있다는 것은 회사의 현금흐름을 읽고 외울 태세를 갖추고 있다는 의미다.

개인도 마찬가지다. 내 통장에 얼마나 있는지 모르는 사람들이 생각보다 많다. 신용카드를 쓰고 나면 돈이 얼마나 남아 있는지 모르고, 돈이 빠져나간 후에 통장을 확인하는 것이 보통이다. 얼마를 벌어야 할지 목표를 정하려면 내가 얼마를 갖고 있는지 알아야 한다.

요즘 인터넷뱅킹은 통합계좌 서비스를 제공한다. 은행의 인터넷뱅킹이나 모바일 앱에서 타 은행의 계좌에 있는 돈을 확인할 수 있다. 하물며 다른 은행에 있는 돈도 이체가 가능하다. 통장이 많다면 관리 가능한 계좌 몇 개를 정리하고 내 돈을 수시로 확인해야 한다. 돈이 쌓이는 돈 장부를 읽는 즐거움이 얼마나 큰지 알게 될 것이다. 내 생활이 숫자로 적혀 있는 돈 장부도 손에서 놓지 말아야 한다.

동기부여?
돈기부여!

돈의 동기부여는 직접 찾아 나서는 것

돈을 벌려면 내가 되고 싶은 사람 또는 어떤 점이든 나보다 뛰어난 사람, 그리고 나와 관심사가 비슷한 사람을 만나야 한다. 관심사가 비슷한 곳에서 원하는 정보도 얻고 자극을 받을 수 있다. 주식으로 돈을 벌고 싶은데 아파트 경매를 배우러 가지는 않을 것이다. 당장 관심이 생기지 않기 때문이다. 그래서 관심사가 비슷한 주위의 좋은 사람들, 내가 원하고, 부러워할 만한 삶을 사는 사람들을 많이 만나야 한다. 내가 먼저 기회를 찾아다녀야 한다.

"요즘 어떻게 지내냐는 친구의 말에 그랜저로 답했습니다."

좀 오래된 광고이지만 아직도 많은 사람들이 이 카피를 기억할 것이다. MZ세대들은 잘 모르겠지만 에쿠스가 나오기 전 현대차 중에 최고급 사양이 그랜저였다. 고급차를 탄다는 것으로 성공을 과시한다는 내용이었다. 이 광고를 보고 성공해서 나도 그랜저를 타야지 하는 마음을 가졌을지 모르겠다. 저녁을 같이 먹는 친구가 외제차 키를 가지고 있다면 집에 돌아와서 적지 않은 자극을 받을 수도 있다.

열심히 해야겠다는 동기부여는 갑자기 몸속 어딘가에서 솟아오르지 않는다. 동기부여는 보통 외부의 자극에서 온다. 시각, 촉각 등을 통해 감각적 자극을 받아야 한다. 오랜만에 만난 친한 친구가 사업에 성공했다고 하거나 부동산 스터디에서 주관하는 임장에 참여해서 열의에 넘치는 사람들을 보고 자극을 받을 수도 있다.

주위 사람들이 가진 열정의 불꽃이 나에게 옮겨 와서 동기부여가 된다. 세미나나 스터디에 참여한 경험이 있다면 이해가 더 잘될 것이다. 나는 궁금한 것이 생기면 책을 찾아보지만 강의나 세미나도 참석한다. 강의 내용 자체를 배우기 위한 것이지만 거기에서 예상치 못한 동기부여를 받는다. 좋은 강의를 듣고 나면 무엇인가 끓어오르는 기분을 느낀다. 이런 기분을 빠르게 구체화해야 한다. 외부의 자극으로 받은 열정적인 기분은 날아가기 쉽다. 소위 말하는 일순간 뭔가에 꽂히는 것인데, 그림을 그리든 엑셀로 계산을 하든 눈에 보이는 것으로 시각화한다.

동기부여는 실천해야 의미 있다

2017년쯤 나는 부동산 세미나를 들었다. 꽤 유명한 강의여서 빨리 마감됐다. 나는 평일에 진행하는 강의에 참석했다. 퇴근하고 곧장 온 사람들은 저녁을 간단히 먹고 강의를 들을 수 있도록 책상 위에 김밥을 하나씩 놓아두었다. 어느새 강의실이 꽉 차더니 80명 정도 모였다.

잠시 2017년으로 돌아가 보면 부동산 가격이 본격적으로 폭등하기 전이었고 소위 말하는 보수 정권에서 진보 정권으로 바뀐 후여서 부동산 가격 하락을 예상하는 전문가들이 많았다. 이미 강력한 규제를 예고하고 있는 상태였다. 그래서 많은 사람들은 집을 사는 것을 아주 위험하게 생각했다. 쉬는 시간에 내가 평소 살고 싶은 곳의 아파트를 강사에게 질문했다. 많은 전문가와 비슷하게 주택을 구입하는 것에 부정적이었다. 전반적으로 아파트 가격이 하락할 것이고 이제는 아파트의 주거보다 미세먼지 등의 주변 환경이 중요하다는 것이었다.

세미나나 스터디에서 몰랐던 것을 배우지만 미래 시장에 대한 분석은 강사의 말도 하나의 의견일 뿐이다. 전문가의 말에 동의하지 않을 수도 있고 더 공부해서 비판적으로 생각할 수도 있다. 그때 나는 부동산 가격이 하락할 것이라는 강사의 말에 동의하지 않았다. 부동산 가격이 오를지는 모르겠지만 떨어진다는 것에 동의하지 않았다.

강의에서 들은 내용을 복습도 할 겸 관심 있는 아파트를 검색했다. 우선 내가 가고 싶은 아파트의 총세대 수, 주위 아파트와 분위기, 학교, 가격을 확인했다. 몇 군데 가격별로 비교하고 나름의 특징을 정리했다. 그러고 나서 아파트를 구입한다고 가정하고 돈을 구체적으로 계산해보았다. 은행 대출을 최고로 받고 모아둔 돈을 최대한 끌어모으면 가능할지도 모르겠다는 생각이 들었다. 나는 생각에 그치지 않았다. 실제로 가능한 대출금액을 은행에 문의하고 아파트 취득세와 등록세, 예상 중개수수료, 양도소득세 등을 엑셀로 계산하고 정리했다. 이렇게 동기부여를 돈으로 시각화하고 나니 더 이사를 가고 싶어졌다.

그리고 아내와 함께 아파트 근처 부동산을 몇 군데 방문했다. 큰 단지였지만 매물이 별로 없었다. 아파트 가격이 떨어질 것이라고 예상했지만 실제 시장에 나온 매물은 거의 없었다. 3천 세대 아파트 중에 내가 원하는 평형은 1,200세대 있었는데 실제로 구경할 수 있는 아파트는 딱 한 채였다. 아파트를 구경하고 주변을 둘러보고 나서 실제로 결정할 수 있었던 것은 아내의 한마디 때문이었다. "난 이 아파트에 이사 갈래!"

아내는 무심하게 던졌지만 그 아파트를 살 만큼의 돈이 없는 것을 알고 있었을 것이다. 하지만 그 한마디가 내 동기부여에 기름을 부었다. 돈을 어떻게든 벌어서라도 이 아파트로 이사 오겠다고 결정했다. 그리고 며칠 지나지 않아 부동산에서 연락이 오자 덥석 계약까지 했다. 당시 그 아파트의 최고가로 매매했다. 주위 사람들은 아파트 가격이 떨어질 게 뻔한데, 지금 최고가로 계약하는 게 제정신이냐며 말렸다. 나에게 집을 판 사람도 최고가에 파는 것이어서 그런지 계약이 빠르게 진행됐다. 그리고 미리 세운 돈 계획을 실행하고 결국 이사를 가게 되었다.

세미나에 참석하기 전에는 이사를 갈 생각이 전혀 없었다. 아파트에 관한 강의를 들으면서 과거 아파트 가격의 장기적 흐름, 좋은 아파트 요건, 앞으로 아파트 가격에 대한 예상 등을 들으면서 가슴이 뛰기 시작했다. 세미나를 들으면서 내가 살고 있는 아파트보다 더 좋은 아파트가 많다는 것을 알게 됐다. 부동산에 관심이 많은 사람이 이렇게 많다는 것을 눈으로 보고 동기부여를 받았다. 그리고 나름대로 판단하고 행동에 옮겼다. 우선 주거 목적 아파트가 필요하니 가격이 떨어지더라도 괜찮을 것 같다는 생각을 했다. 최소한 대출이자만 잘 갚아나간다면 내가 원하는 아파트를 가질 수 있었다. 실제 아파트를 구경하고 동기부여가 생겼고 결정을 했다.

비슷한 관심사와 배울 점이 있는 사람들을 만나면 동기부여가 되고 실제로 배우는 것이 많아진다. 세미나와 스터디에 참석하지 않았다면 나는 이사 갈 생각조차 하지 않았을지 모른다. '지금도 편한데 왜 이사를 가?'라고 생각하고 살았을 것이다.

관심사가 비슷한 사람들을 만나면 우연한 기회로 정보를 들을 수도 있고 구체적인 계획을 세울 수 있는 원동력이 되기도 한다. 돈을 벌고 싶다면 돈을 버는 사람을 꾸준히 찾아서 접점을 만들어야 한다. 부자가 되는 기회도 이런 만남과 접점에서 시작됐을 것이다. 동기부여이든 돈이든 얻으려면 찾아다녀야 한다.

동기부여와 공부 그리고 여성의 판단을 믿었다

다시 한 번 2017년으로 돌아가 보자. 지금은 부동산 가격이 폭등했지만 그때는 가격 하락을 예상하는 폭풍 전야의 상태였다. 국토교통부 장관 등이 직접 언론에 나와 집을 사는 것에 대해 강력하게 주의를 주었다. 각종 세금 인상이 예고되어 있었다. 부동산중개사도 집을 알아보러 왔다고 하니 대뜸 이렇게 말했다. "직접 거주하시는 거죠? 직접 거주하실 거면 집값이 크게 의미 없으시잖아요?"라고 했다. 집값이 의미 없다는 말은 집값이 떨어져도 거주하는 데 큰 상관없지 않냐는 의미였다. 실제로 나온 매물들이 거의 없었고 집값이 떨어지기 전에 팔고 싶은 몇 곳이 최고가에 나왔다.

그래도 이사를 가겠다고 결정할 수 있었던 것은 아파트를 투자가 아닌 거주로 생각했기 때문이다. 2017년에는 내가 살고 싶은 곳에 집을 사겠다는 생각뿐이었고 이 집이 오를지 떨어질지는 두 번째 고려 사항이었다. 2017년에는 모두 아파트 가격이 떨어질 것이라고 예상했기 때문에 투자 목적이었다면 집을 사지 않았을 것이다. 실제로 결정하기 전에 대출받는 방법, 주변 아파트 가격, 학교 등 거주하기 좋은 아파트인지 공부했다.

아내가 이사를 가겠다고 한 이유는 살기 좋은 곳이라고 생각했기 때문이다. 개인적인 의견이지만 여자들이 살기 원하는 곳이 좋은 환경이고 좋은 아파트이다. 그리고 여자들이 선호하는 아파트의 가격이 대체로 높다.

아파트 가격도 결국 수요와 공급에 의해 결정되는데 공급은 꽹

장히 변동이 약해서(비탄력적이어서) 수요에 민감하다. 조금 과장해서 말하면 여심에 따라 아파트 가격이 변한다고 할 수 있다. 아내가 이사를 가자고 하면 남편은 당장 '돈이 어딨어!'라고 말한다. 현실적으로 집을 사려면 돈이 필요하다. 그리고 '지금도 좋은데 왜 이사를 가?'로 끝난다. 시간이 지나서 '좀 더 적극적으로 이야기하지 그랬어'라고 후회하게 된다. 중요한 것은 아내가 먼저 이야기를 꺼냈다는 것이다.

아파트를 거주 목적으로 봤던 것, 그리고 떨어지지 않을 것 같다는 분석, 아내의 선택이 결국 좋은 결정이 되었다. 지금은 주위 사람들에게 2017년에 아파트를 샀다고 하면 매수 타이밍이 좋다며 놀란다. 2017년 가격 하락 폭풍 전야는 시간이 지나고 보니 가격 상승 폭풍 전야였던 것이다. 내가 살고 싶은 아파트를 구입했던 원동력은 강한 동기부여였다. 4년이 지난 지금 아파트를 구입했던 가격보다 전세 가격이 더 높다. 말 그대로 아파트 가격이 미치도록 상승했다. 앞으로 어떻게 될지 모르지만 자산이라는 파도에 올라탄 것만으로도 성공했다고 생각한다.

운이 좋았다고? 인정할 수 있다. 그보다 동기부여와 실천력이 더 좋았다. 나비의 날갯짓이 폭풍을 만들 수 있다.

임계점과
파이프라인

사업도 노력도 임계점을 버텨야 한다

물은 100도에서 끓는다. 99도만 되어도 끓지 않는다. 100도라는 문턱을 넘어야 반응을 일으킬 수 있다. 어떤 반응을 일으키기 위해 요구되는 최소한의 자극을 임계점(threshold)이라고 한다. 자극의 세기가 임계값을 넘으면 반응이 일어나고, 넘지 못하면 아무 반응이 일어나지 않는다.

노력을 수치로 바꿀 수 없지만 객관적, 주관적 노력의 임계점이 있다. 객관적 임계점은 어떤 일을 이루기 위해 필요한 물리적 시간과 노력이다. 주관적 임계점은 개인의 능력에 따른 한계점이다. 회사에 취직해서 인정받으려면 객관적인 검증의 시간이 필요하다. 당연하지만 시간만 흐른다고 일 잘한다는 소리를 듣는 것이 아니다. 개인의 능력이 어느 정도 수준을 넘어서야 한다. 억지로 일

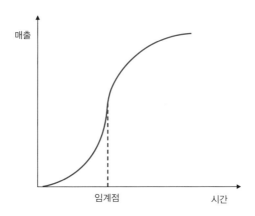

매출

임계점　　　　　시간

을 한다면 임계점을 넘을 리 없고 사람들에게 인정받지도 못할 것이다.

사업도 비슷한 임계점이 있다. 사업을 하려면 투자가 필요하다. 최소한의 투자로 사업해서 성공하면 좋겠지만 사업마다 어느 정도의 투자금이 필요하다. 홍보를 하려고 해도 어느 수준 이상 광고를 해야 효과가 있다. 어정쩡한 홍보는 돈만 쓸 뿐이다. 사업을 위한 노력도 객관적, 주관적 임계점이 있다. 시간과 노력을 투자하고 실력을 쌓아야 사업이 된다. 임계점을 넘지 않는 투자, 시간과 노력으로는 아무것도 이루어지지 않는다. 결국 임계점을 넘지 못하면 모두 실패한 것이어서 '0'이다.

임계점만 넘으면 성장이 가능하고 성공할 수 있다. 임계점을 넘으면 매출 그래프가 급격하게 상승한다. 광고에도 임계점이 있다. 임계점이라는 문턱을 넘기 전에는 광고에 대한 인지도가 전혀 없다가 문턱만 넘으면 인지도가 증가한다. 이 문턱을 넘지 못한다면 사람들은 브랜드 자체를 인지하지 못한다. 대부분의 회사는 임계점을 넘는 것과 함께 임계점을 줄이는 것이 목표이다. 사람들이 브랜드나 제품을 인식하기까지 비용과 시간을 줄이는 것이 광고의 목적이다.

임계점도 넘어본 사람이 안다

스마트폰 케이스를 온라인에 판매하는 거래처가 있다. 주로 도매가에 대량으로 사서 소매가로 판매한다. 사람들이 스마트폰 케이스를 살 때 어떻게 할까? 네이버나 다음에서 검색하고 마음에 드는 케이스를 찾는다. 그리고 가격이 비싸지 않으면 산다. 최저가를 다시 검색하기도 하지만 같은 케이스를 찾기 힘든 경우가 많으므로 디자인이 마음에 들면 바로 구입한다.

그렇다면 케이스를 판매하는 회사는 어떻게 해야 할까? 고객이 검색하기도 전에 예쁜 케이스가 잘 보이게 해야 한다. 이 회사는 매출의 30% 이상을 광고에 쓴다. 광고비를 적당히 써서는 구매로 이어지지 않는다는 것을 너무 잘 알고 있다. 운영 측면에서 광고비는 당장 집행하는 비용이지만 수입은 다음 달에 들어오기 때문에 자금 압박도 적지 않다. 그래서 최소 한 달 정도의 광고비 이상을 통장에 갖고 있어야 한다. 그러지 않으면 임계점을 넘기 전에 광고 효과는 '0'이 되고 돈만 쓰게 된다.

예쁜 케이스를 어디에서 샀는지 기억해두었다가 추가로 사는 사람들도 있겠지만 대부분 검색을 하다가, 뉴스를 보다가, 눈에 띄는 광고를 보고 산다. 그래서 이 회사는 계속 광고해야 한다는 것을 잘 알고 있다. 새로운 고객에게 끊임없이 알려야 하기 때문이다. 그리고 여러 해 사업을 하면서 얻게 된 학습 효과로 임계점을 넘기 위해 광고비를 어느 정도 투입해야 하는지 잘 알고 있다.

최근에는 회사가 크게 성장해서 사무실을 직접 매입해 고정비를 줄여가고 있다. 광고비는 줄이기 어려우므로 임차했던 사무실을 임대인에게 매입하여 월세 대신 저렴한 이자로 바꾼 것이다. 금리가 낮아 대출이자가 월세보다 적기 때문이다. 수입을 늘리기 위해 고정비를 줄이는 탁월한 선택까지 한 것이다. 요즘은 도소매뿐만 아니라 직접 제조까지 사업을 확대해 수입 구조를 다각화하고 있다.

케이스를 도매로 싸게 사서 비싸게 파는 일은 누구나 할 수 있을 것 같지만 그렇지 않다. 온라인 광고에 대한 노하우가 쌓여 임계점을 파악할 줄 알아야 성장할 수 있다. 임계점을 넘기 전에 포기하지 않고 노력과 시간을 투입해야 한다. 이 회사는 멈추지 않고 임계점을 넘어섰으며 고정비를 줄이고 사업을 다각화하여 임계점 자체를 줄여나가고 있다.

양동이 vs 파이프라인

어느 마을의 자본가가 산에서 물을 길어 오면 돈을 주겠다고 하자 건장한 두 청년이 하겠다고 나섰다. 한 명은 성실하게 매일 양동이에 물을 길어 와 하루 수당을 받았다. 다른 한 명은 매일 물을 길어 오는 대신 산에서 동네까지 파이프라인을 만들기 시작했다. 당장은 매일 수당을 받는 청년이 돈을 더 벌었다. 반면 파이프라인을 만드는 청년은 돈을 벌기는커녕 파이프라인을 만드는 비용까지 들어갔다. 몇 달이 걸려 파이프라인이 완성되고 나니 상황은 달라졌다.

매일 양동이에 물을 길어 와야 하는 친구는 컨디션이 좋지 않거나 비나 눈이 많이 오는 날은 물을 길러 갈 수 없어서 그날 수당을 벌지 못했다. 하지만 파이프라인을 구축한 친구는 더 이상 산으로 올라가지 않아도 되었다. 산 아래에서 수도꼭지만 틀면 물을 받아서 돈을 벌 수 있었다. 더 좋은 것은 쉴 때조차 돈이 들어오는 것이었다.

이처럼 돈을 벌기 위해서는 끊임없이 노동을 하는 것이 아니라 돈이 벌리는 구조를 만들어야 한다. 경제적 자유를 위해 필요한 것이 바로 돈의 파이프라인이다. 부자가 된다는 것은 돈이 콸콸 나오는 파이프라인을 만드는 것이다. 돈이 콸콸 나온다는 상상만 해도 행복하다. 국민연금으로 최소한의 생활이 가능하면 좋겠지만 연금이 고갈될 것이라는 예상도 적지 않은 것을 보면 미리 대책을 세워야 한다. 더욱이 부자가 되고 싶은데 연금만으로 성에 차지 않을 것이다.

돈의 파이프라인을 만들자

파이프라인 이야기에서 알 수 있듯이 파이프라인을 만들려면 파이프라는 투자와 자본이 필요하다. 파이프라인을 만들기 위해서는 절차와 시기가 있다. 1단계는 근로소득 등으로 돈을 모아야 한다. 2단계는 모은 돈으로 투자해서 돈을 불린다. 3단계는 불린 돈으로 돈의 파이프라인을 만든다.

파이프라인 소득의 핵심은 노동을 하지 않아도 돈이 벌린다는 것이다. 위험에 대한 부담을 안는 대가로 벌어들이는 소득이다. 주로 임대소득, 배당소득, 이자소득 등이다. 저작권이나 인세 등도 파이프라인 소득이 될 수 있다.

파이프라인을 만드는 한 가지 팁은 파이프라인을 처음부터 완벽하게 만들려고 하지 말고 하나씩 만들라는 것이다. 1단계 돈 모으기, 2단계 투자, 3단계 파이프라인을 만드는 것을 작게 세분화할 필요가 있다. 우선 파이프라인 소득도 목표 금액이 필요하다. 500만 원으로 정했다고 하자. 한 번에 500만 원을 모으기에는 시간과 노력, 자본금이 필요하다. 500만 원의 소득을 만들기 위해 50만 원짜리 소득을 10개 만든다. 그렇게 하나씩 늘려가야 한다. 50만 원의 임대수입이 생기는 상가가 있다면 우선 하나를 투자하고 늘려가야 한다. 그렇게 한 번 시작하면 상가를 보는 안목과 소득을 벌어들이기 위한 학습 효과가 생기고 파이프라인 소득을 합쳐 다음 파이프를 살 수 있다.

월세 수입을 목적으로 빌라를 모으는 사람이 있다. 빌라는 보통 투자하기를 꺼려한다. 환금성이 떨어지고 관리가 힘들기 때문이다. 하지만 소액 빌라는 공실률이 적은 장점이 있다. 연식이 좀 된 빌라를 구입해 최저 비용으로 깔끔하게 수리해서 월세를 낸다. 그러면 월 50만 원 정도의 수입은 어렵지 않게 벌 수 있다. 그렇게 5개, 10개를 모아 월 고정 수입을 얻는다. 개수가 많아지면 관리하기 어려울 수도 있지만 장점도 있다. 500만 원짜리 상가 하나가 공실이라면 매달 500만 원의 손실이 난다. 하지만 50만 원짜리 빌라 10개 중에 한두 개가 공실이 생기더라도 나머지 8개는 수입이 생기니 큰 손실을 보지 않는다.

물론 빌라 투자를 하려면 공부도 해야 하고 쉽지 않다. 공실률이 적은 빌라를 선택하고 최소한의 수리를 하는 노하우도 있어야 한다. 빌라를 경매 등으로 싸게 구입하는 능력까지 겸비하면 좋다. 최근에는 빌라 가격도 올랐으니 꽤 괜찮은 전략이었을 것이다.

파이프라인 소득은 파워풀하다. 일하지 않아도 매달 생기는 부수입은 모으기도 쉽다. 배당, 이자, 빌라 월세, 오피스텔, 지식산업센터 등 우리가 알지 못할 뿐 방법은 많다. 돈의 파이프라인을 만들려는 노력을 멈추지 않아야 한다.

돈 관리에 실패하는
사람들

전 재산 올인의 위험성

주식투자나 사업에 실패하고 힘들어하는 사람들의 공통점이 있다. 모든 재산을 쏟아부을 뿐 아니라 빚을 내서 투자했다는 것이다. 반면 성공한 사람들의 특징은 철저한 계획과 관리하는 능력이 있다. 성공한 사람들도 투자나 사업에 실패한다. 다만 돈을 관리하는 능력과 실패를 하더라도 이겨내는 과정이 부자와 빈자의 차이다.

주식투자에 성공한 사람들에게 어떻게 하면 주식투자로 돈을 벌 수 있는지 묻는다면 주식투자를 하지 말라는 대답이 돌아온다. 전업투자로 성공하기 어려운 것을 누구보다 잘 알기 때문이다. 주식이 떨어지는 경우에 손절을 해야 하는지 버텨야 하는지를 판단할 줄 알아야 한다. 주가가 떨어지는 상황에서도 확신을 가지고 계속 보유하며 손실을 지켜보기는 쉽지 않다. 주식으로 많은 돈을 버는 사람들은 이런 상황들을 분석하고 견뎌낸다.

하지만 실패하는 사람들은 떨어진 주식을 더 산다. 분석한 것이 아니라 주위에서 들은 소문이 있기 때문이다. 주식을 산 회사가 머잖아 큰 계약을 할 예정이거나 신약 개발에 성공할 것이라는 정보를 들은 것이다. 그래서 떨어지는 주식을 더 매입해서 물타기를 하고 매수 단가를 낮춰 다시 오르기를 기다린다. 그 소문이 진실이기만 하면 대박을 터뜨리게 되므로 전 재산뿐 아니라 빚을 내서라도 그 주식에 투자한다. 상황은 똑같지만 분석이 아니라 막연한 기대로 견디는 것이다. 주식에 성공하는 사람과 실패하는 사람 모두 견디는 것은 똑같지만 주식투자를 잘하는 사람은 확신이 들지 않으면 물타기를 하지 않는다. 더 중요한 것은 확신이 있어도 주식에 올인하지 않는다는 것이다.

사업도 비슷하다. 좋은 사업이라고 생각하고 많은 돈을 들여 시작한다. 성공한 사람들은 사업이 왜 잘 안 되는지 밤잠을 줄여가면서 파악하려고 애쓴다. 한마디로 사업에 뼈를 갈아 넣는다. 그래도 잘되지 않으면 사업을 접는다. 그런데 실패한 사람들은 남 탓, 경기 탓을 한다. 경기가 좋지 않아서, 정부 규제가 많아서, 코로나로 힘들어서 사업이 되지 않는다고 생각한다. 아이러니하게도 실패한 사람들은 사업을 접지 않는다. 임대료를 내지 못할 정도로 사업이 힘들면 비싼 임대료와 임대인을 탓한다. 임대료도 벌지 못하는 사업을 한다. 사업하기 전에도 정부 규제, 경기 상황, 임대료는 모두 알고 있었다. 그런데 돈이 벌리지 않는다고 남 탓만 하고 전 재산을 계속 올인한다.

부자들은 최소한의 안전자산을 지키는 데 철저하다. 주식이든 사업이든 책임져야 할 가족의 근간을 흔들어가면서 투자를 하지는 않는다. 물론 상황이 그렇게 되지 않는 경우도 많다. 주식투자나 사업을 하다 보면 많은 돈이 필요한 경우도 많다. 하지만 철저한 분석 없이 '잘되겠지' 하는 막연한 기대로 가진 돈을 모두 쏟아붓는다면 그에 따른 리스크를 감당할 수 없을지 모른다.

부동산 가격이 폭등하고 경기가 좋지 않은 상황이 장기화되면서 일확천금을 노리는 사회 분위기가 심해지고 있다. 전 재산을 올인해서 큰 부자가 된 사람들이 주위에 많은 것 같다. 하지만 운이 좋아서 갑자기 돈을 많이 번 사람들은 극히 일부다. 나도 그렇게 일확천금을 벌 수 있을 것이라는 착각에 올인하는 것이다.

돈은 노력으로 쌓아가는 것이지 어딘가에서 한 번에 갑자기 생기는 것이 아니다.

편법은 돈을 잃게 한다

선을 넘어서 좋지 않은 편법으로 돈을 버는 경우가 있다. 돈을 버는 데 편법이란 남에게 피해를 주거나 법을 어기는 것이다.

세금 측면에서 절세와 탈세는 법을 어기느냐의 유무이다. 세법의 테두리 안에서 세금을 줄이는 것은 절세다. 반면 법을 살짝 혹은 과감하게 넘어서 줄이는 것은 탈세다. 이런 편법은 결말이 좋지 않다.

투기과열지구와 조정대상지역 내 3억 원 이상 주택과 비규제지역 6억 원 이상 아파트를 구입하려면 주택취득자금조달서 및 입주계획서를 시장, 군수, 구청장에게 제출해야 한다. 그래서 주택을 구입할 때 법을 어겨가면서 세금을 줄이기는 어렵다. 그런데 토지와 같은 부동산은 취득자금조달서 등을 내지 않아도 되므로 매매하면서 신고용으로 다운계약서를 쓰자고 하는 경우가 있다. 토지를 파는 사람은 양도소득세를 줄일 수 있고, 사는 사람은 취득세를 줄일 수 있기 때문에 악마의 유혹이 생기는 것이다. 10년 전에는 이런 일들이 좀 흔했을지 모른다. 예전이나 지금이나 엄연한 불법이다. 다운계약서를 쓰다 걸리면 각종 세금 부담은 물론 벌금과 과태료를 물어야 한다. 불법이니 형사 처벌을 받을 수도 있다.

사업을 할 때도 이런 유혹들이 종종 있다. 코로나19로 마스크 판매가 폭증했다. 마스크를 제조하고 유통하는 사업에 많은 사람들이 뛰어들었다. 단기간에 큰돈을 벌 수 있는 기회였기 때문이다. 관련 사업을 해오던 중 마스크 수요가 폭증한 것이라면 그야말로 기회가 온 것이다. 하지만 사재기를 하고 불량 마스크를 몰래 판매하는 것은 엄연한 불법이다.

내 주위에도 본업과 상관없이 마스크 사업을 시작한 사람들이 있다. 한 거래처 사장님도 유형이 다르지만 도소매에서 오래 쌓아온 업력을 기반으로 마스크를 매입해서 팔아 단기간에 큰돈을 벌었다. 돈이 많이 벌린 만큼 세금 걱정도 따랐다. 그러다 주위에서 세금을 줄일 수 있는 방법이라며 탈세 방법을 소개받았다. 실제 거래가 없는데도 매입세금계산서를 가짜로 받은 것이다. 보통 가짜 세금계산서를 파는 사람들을 자료상이라고 하는데 거래 없이 일정한 수수료를 받고 세금계산서를 발행해주는 것이다. 그러면 비용 처리 금액이 늘어나 결국 세금이 줄어든다.

가공 또는 허위 세금계산서를 발행하는 것은 물론 받는 것도 당연히 불법이다. 국세청에서 가공의 거래는 엄하게 처리하고 있다. 조세질서를 문란하게 하는 행위는 고발하여 벌금이나 징역까지 살 수 있다. 거래처 사장님은 내가 안 된다고 할 것을 뻔히 알고 몰래 가공의 세금계산서를 사서 세금을 줄였다. 당장은 세금이 줄어서 좋았겠지만 1년도 채 되지 않아 국세청에 발각되었다. 결국 세금을 줄인 것보다 가산세와 벌금을 더 많이 냈다.

약간의 편법이나 불법이 통할 것 같지만 언젠가 더 큰 타격으로 돌아온다. 기본적으로 돈은 주고받는 것이고 상대방이 있는 거래여서 검증 가능한 시스템이 있다. 정당하게 세금을 내고 버는 것이 장기적으로 성공하는 길임을 명심해야 한다.

유독 대하기 어려운 '잘 아는 사이'

거절하는 방법, 나를 함부로 다루지 못하게 하는 법 등 착한 사람들이 손해를 보지 않는 방법들에 관한 책들이 한때 유행했다. 착한 사람이 문제가 아니라 그것을 이용하려는 사람들이 문제다. 한국 사회의 특징인지 모르겠지만 '잘 아는 사이'가 더 무서운 경우가 종종 있다. 좀 아는 사이라고 부탁을 당연하게 생각하는 사람들이 있다. 다른 사람이 자기 시간을 들여서 부탁한 일을 해주는데도 고맙다는 인사 정도로 끝내는 사람들이 있다.

거래처 사장의 아버지가 퇴직을 하고 사업을 시작했다. 제2의 인생을 응원하는 마음에 매출도 적고 해서 세금 관리를 무료로 해드렸다. 거래처 사장과의 관계도 좋았기 때문이다. 수개월 후 매출이 어느 정도 생기고 직원이 생길 때쯤 세무 처리 수수료에 대한 이야기를 꺼냈다. 그런데 예상치 못한 반응이었다. 이 정도는 친한 세무사한테 무료 상담을 받을 수 있다는 것이다. 그리고 아들 사업체에서 돈을 받고 있는데 자기한테도 받아야 하느냐고 했다. 지금까지 수개월 동안 세금 관리를 무료로 해드렸고, 담당 직원도 배정했으니 최소한의 수수료는 서로 주고받는 것이 좋을 것 같다고 말씀드렸다.

물론 거래처 한 군데 정도 무료로 해준다고 해서 큰 손해를 보는 것은 아니다. 하지만 정식 계약도 아니고 좋은 게 좋은 세무 서비스라는 것이 있을까? 결국 그분은 친한 세무사에게 관리를 넘기겠다고 했다. 나중에 거래처 사장이 전화해서 미안한 마음을 전했다. 이런 내용을 전혀 모르고 있었던 것 같다.

나도 거절하는 방법을 잘 알지 못했다. 개인 사정이 있겠거니 하며 좋게 생각했다. 물건을 사고 돈을 지불하는 것은 당연하다.

그 물건의 가치를 판매자와 고객이 서로 동의하기 때문이다. 하지만 지식을 제공하는 것은 그렇지 않은 측면이 있다. 능력과 신뢰 관계에 따라 가격을 다르게 느끼기 때문이다.

부탁을 당연하게 생각하는 사람들을 조심하라

일을 하다 보면 여러 사람을 만나고 많은 일을 겪게 된다. 수수료를 제대로 받지 못하고 일하는 경우도 많다. '시간 있으면 한번 좀 봐줘. 이거 간단한 것 같은데 계산 한번 해줘.' 거래처 사장의 아버지 일을 계기로 생각을 바꿨다. 오히려 나는 지식 서비스에 돈을 아끼지 않는다. 변호사에게 계약서 검토를 부탁할 때도 일부러 깎으려고 하지 않는다.

어떤 일을 의뢰할 때 내가 원하는 수준의 서비스를 받을 수 있는지와 수수료를 물어보고 받아들일 만하면 진행을 맡긴다. 그렇다고 여기저기 수수료를 알아보지도 않는다. 지식 서비스는 저마다 달라서 비교 불가능하기 때문이다. 그리고 직접 만나서 이야기를 들어보면 어느 정도 신뢰를 파악할 수 있다. 지식 서비스에는 돈을 아끼지 않아야 잘 처리해줄 것 같다는 생각이 들기도 한다. 물론 일을 의뢰받은 사람은 모든 일을 성의껏 하겠지만 사람이 하는 일이라서 아무래도 좀 더 마음이 가는 곳이 있다. 의뢰인의 스타일이나 매너도 중요하지만 자본주의 사회에서 수수료도 한몫하는 것은 분명하다.

물론 친한 사이에 부탁 정도는 할 수 있다. 하지만 당연하게 여기지는 않아야 한다. 정당하게 지급하고 요구해서 공과 사를 구분해야 애매한 상황이 발생하지 않는다. 매번 부탁을 하는 것을 당연시한다면 상대의 선한 마음을 이용하는 것이나 마찬가지다. 좋은 부동산을 검색해서 추천해주었거나, 법률 관계를 정리해주었거나, 세금 관계에 도움을 주는 일 등 모두 나 대신 어려운 일을 해주는 것이다. 서로의 이해관계를 위해서도 부탁을 너무 쉽게 생각하는 사람은 조심할 필요가 있다. 상대방이 내 부탁을 들어줄 수 있는지가 아니라 내가 뭘 해줄 수 있는지 고민해야 한다.

돈의 그릇을
키우자

매슬로의 욕구 5단계, 돈의 역삼각형

욕구를 채우는 것은 사람의 본능이다. 이것을 가장 잘 설명하는 고전 이론이 매슬로의 욕구 이론이다. 행태심리학자 매슬로는 인간이 갖고 있는 다섯 가지 욕구가 존재하며 욕구에도 단계가 있다고 설명한다. 1단계 생리적 욕구, 2단계 안전 욕구, 3단계 사회적 욕구(소속감과 애정 욕구), 4단계 존경 욕구, 5단계 자아실현 욕구이다. 하위 수준의 욕구가 우선 채워져야 상위 단계의 욕구를 충족한다고 한다.

자본주의 사회에서 욕구를 채우는 데는 돈이 중요한 역할을 한다. 돈은 교환의 매개체 역할을 할 뿐 아니라 돈을 갖고 있는 것 자체로 행복을 주기도 한다.

생리적 욕구는 먹고 자는 것과 같이 삶을 유지하기 위한 욕구이

| 매슬로의 욕구 5단계 이론 |

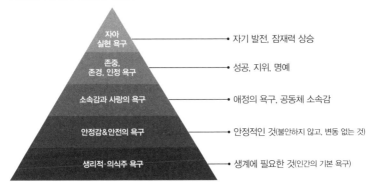

- 자아 실현 욕구 ──● 자기 발전, 잠재력 상승
- 존중, 존경, 인정 욕구 ──● 성공, 지위, 명예
- 소속감과 사랑의 욕구 ──● 애정의 욕구, 공동체 소속감
- 안정감&안전의 욕구 ──● 안정적인 것(불안하지 않고, 변동 없는 것)
- 생리적·의식주 욕구 ──● 생계에 필요한 것(인간의 기본 욕구)

다. 안전 욕구는 위험에서 벗어나기를 바라는 욕구인데 건강과 관련되어 있다. 하위 두 가지 욕구는 대부분 의식주와 같은 기본 생활과 관련된 욕구이다. 주(住)에 해당하는 내 집을 갖는다는 것은 잠을 편하게 잔다는 생리적 욕구이자 위험으로부터 보호를 받는 안전 욕구이기도 하다.

그런데 집 자체가 비싸고 더욱이 집값이 너무 올라서 집을 사는 것 자체가 삶의 목표가 되기도 한다. 집을 사는 것을 포기하고 월세나 전세로 살더라도 1단계, 2단계 하위 욕구가 충족됐으니 상위 욕구를 충족하면 된다. 하지만 언제나 집 장만이라는 숙제는 마음속에 남아 있을 것이다. 그래서 의식주 중에 '주'를 자본주의 사회에서 좀 더 현실적으로 생각하면 잠을 자는 집은 1~2단계이고, 내가 원하는 집에 전세로 살거나 구입하는 것은 4~5단계 정도로 볼수 있다. 집을 사는 것 자체가 자아실현이자 사회적으로 존경받는 일이라는 것이 씁쓸해지기도 한다. 매슬로는 하위 단계가 채워지

246

고 나면 동기부여가 되지 않는다고 했지만 다른 연구에서는 이를 비판하기도 한다. 욕구는 순서가 바뀌기도 하고 복합적으로 나타나기도 한다는 것이다.

3단계는 사회적 욕구와 관련된 것인데 집단을 만들고 어딘가에 소속되고자 하는 것이다. 이성 교제나 결혼을 하는 것이 여기에 해당한다. 4단계는 자존감을 키우고 타인에게 존중받으려는 욕구이다. 마지막 5단계는 나의 능력을 발휘하고 자기 발전을 하는 단계이다.

1~3단계는 모두 기본적인 생활을 하는 데 돈이 들어간다. 4~5단계는 돈을 불려나가는 구간이다. 기본적인 생활만으로 자존감이 채워지지는 않는다. 돈을 불리고 자기계발을 통해 돈의 크기를 늘려야 상위 단계의 욕구도 채워진다.

돈의 필요에 대해서라면 매슬로의 욕구 5단계는 역삼각형 모양이 될 것이다. 기본적인 욕구들을 채우는 데 사용되는 돈은 정해져 있고 급격하게 늘어나지 않는 반면 사회적 욕구나 자존감을 채우기 위한 돈은 많이 필요하기 때문이다.

하위 단계를 충족하기 위한 돈은 부자나 빈자 모두 비슷하다. 생계를 위한 최소한의 비용은 비슷하기 때문이다. 물론 부자와 빈자의 의식주 수준은 다르겠지만 갖고 있는 돈에서 기본 생활비의 비율은 부자가 더 적을 것이다. 매월 5천만 원 버는 사람이 의식주에 500만 원을 쓴다면 10%이지만, 매월 200만 원 버는 사람은 의식주에 100만 원만 써도 50%이다. 상대적인 비율은 부자가 오히

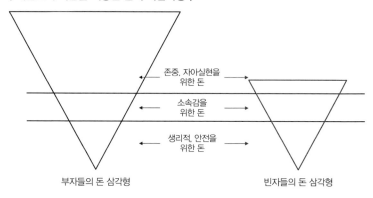

| 매슬로의 이론을 적용한 돈의 역삼각형 |

존중, 자아실현을
위한 돈

소속감을
위한 돈

생리적, 안전을
위한 돈

부자들의 돈 삼각형　　　　　　　　　빈자들의 돈 삼각형

려 적다. 절대적인 비용도 크게 차이 나지 않을 것이다. 왜냐하면 부자라고 매일 10만 원짜리 스테이크를 먹지는 않을 테니 말이다. 그래서 매슬로의 욕구 단계에 돈을 대입하면 상위 욕구를 채우기 위해 사용하는 돈이 많을수록 부자이므로 역삼각형이 될 것이다.

부자가 되기 위해서는 4~5단계의 크기를 늘려가야 한다. 존경의 욕구와 자아실현의 욕구를 얼마나 키우느냐가 돈을 얼마나 많이 버느냐와 비슷한 의미가 될 것이다. 내가 갖고 있는 자본을 증식하는지, 잠식하는지에 따라 역삼각형의 크기가 달라진다. 매슬로의 욕구 5단계에 돈을 대입해보면 기본적인 하위 욕구가 아니라 상위 욕구를 채우고 크게 만들어야 돈을 많이 벌 수 있다.

돈의 지배자가 돼라

여유가 있고 도량이 넓은 사람들을 두고 그릇이 크다고 표현한다. 그릇이 큰 사람들은 타인의 실수이든 자신의 실수이든 너그럽게 받아들인다. 큰 그릇을 갖고 태어났다고 하면 요즘 말로 금수저를 말한다. 태어날 때 금수저 또는 흙수저를 선택할 수 없다. 하지만 그릇을 크게 만들 수 있다. 돈의 그릇은 경험과 관련되어 있다. 돈을 벌어본 경험을 해봐야 돈을 벌 수 있다.

사람마다 돈의 그릇이 있다고 한다. 돈의 그릇은 보통 양적으로 설명한다. 얼마의 돈을 운용하고 관리하는지에 따라 돈 그릇을 판단할 수 있다. 1억 원으로 투자를 하고 사업을 해본 경험이 있는 사람은 몇 번 실패를 했더라도 언젠가 성공할 확률이 높다. 1억 원이라는 돈을 운용해본 경험은 나중에 큰 무기로 돌아오기 때문이다. 1억 원이라는 투자금이 무서워 사업을 시작하지 못한다면 평생 1억 원의 투자나 사업을 할 기회가 없을 것이다. 돈을 다룰 수 있는 그릇이 없기 때문이다. 1억 원을 다룬 사람은 1억 원짜리 그릇이 되고, 10억 원을 다룬 사람은 10억 원짜리 그릇이 된다. 그 이유를 알기 위해 부자들의 생각을 잠시 읽어봐야 한다.

나에게 100억 원이 있는데 여윳돈 10억 원을 전문가에게 맡기고 싶다면 어떻게 할까? 부자의 입장에서 생각해보자. 최소한 10억 원 정도 운용하고 있는 전문가에게 맡기지 않을까? 아무리 지금 뛰어난 전문가가 1억 원을 단숨에 2억 원으로 만들었다고 해도 평생 1억 원 정도만 운용한 사람에게는 내 돈 10억 원을 선뜻 맡기지 않을 것이다. 1억 원을 운용하는 것과 10억 원을 운용하는 것은 전략 자체도 다르고 마음가짐도 다르다. 실제로 10억 원이라는 돈을 다뤄본 사람만이 10억 원을 투자해서 성공할 수 있다.

돈의 그릇은 점점 늘려갈 수 있다. 1억 원을 다루는 것에서 시작해서 10억 원, 20억 원…… 돈의 그릇을 점점 키워나갈 수 있다. 1억 원을 경험한 사람은 1억 원으로 사업이나 투자를 시작할 때 구체적인 계획을 짤 수 있는 능력이 생길 것이다. 그다음에는 3억 원, 5억 원, 10억 원으로 성공하기 위해 노력한다. 한번 돈에 대한 리스크를 감당해본 사람에게는 그다음 리스크를 상상할 수 있는 능력과 기회가 생긴다.

주의할 것은 돈의 그릇이 독이 되기도 한다는 것이다. 수준에 맞지 않는 소비를 하는 경우가 그렇다. 소비의 경험은 너무 달콤해서 줄일 수 없다. 고급 승용차를 타다가 소형 승용차로 바꾸는 경우는 별로 없다. 승차감뿐만 아니라 고급 옵션에 이미 익숙해졌기 때문이다. 더구나 달라진 주위 시선을 받아들이기 힘들다. 고급 승용차를 타다가 합리적 선택을 위해 소형 승용차를 타면 생활이 어려워졌다고 생각한다. 그래서 그릇에 맞는 소비를 해야 한다. 수준에 맞지 않는 소비를 하면 그릇만 남고 알맹이는 없어진다. 다시 소비의 그릇을 줄이기는 힘들다.

돈을 지배하느냐 아니면 돈의 노예가 되느냐는 동전의 양면과 같다. 돈의 그릇을 차곡차곡 키워서 성공하느냐, 분수에 맞지 않는 소비로 그릇을 비우느냐는 경험해봐야 알 수 있다. 큰돈을 벌기 위해 돈의 그릇을 키워야 한다. 다만 단계를 밟아나가면서 돈의 그릇을 키워야 한다.

미래의 돈도 공부하자

화폐의 현재 가치와 미래 가치를 생각해본 적이 있는가? 돈을 가까운 미래로 보내거나 현재로 가져올 수 있다. 체감하기 어려울 뿐이다. 신용카드는 현재를 미래로 미루는 마법의 도구이다. 할부로 물건을 사면 현재 지불할 돈을 미래로 미룰 수 있다. 대출을 받아서 갚는 것도 미래의 돈을 현재에 끌어다 쓰는 것이다. 현재의 돈과 미래의 돈을 이동시키는 데 꼭 필요한 것이 있다. 바로 이자다. 신용카드 할부나 대출에도 이자가 있다. 무이자 할부도 사실은 이자가 숨겨져 있다. 홈쇼핑에서 바지 3개를 단돈 6만 원에 살 수 있다. 6개월 무이자 할부도 가능해서 매달 1만 원씩 결제하면 된다. 그런데 일시불로 주문하면 2천 원 할인을 해주니 5만 8천 원이다. 이 2천 원이 바로 이자다. 사실 바지는 5만 8천 원인데 6개월 할부로 하면 2천 원을 더 낸다는 말과 같다.

이렇게 돈은 시간 여행이 가능하다. 돈의 미래를 다스릴 줄 알아야 한다. 미래의 돈을 현재로 과도하게 끌어당겼다가 이자를 감당하지 못하는 경우가 있다. 미래를 너무 낙관적으로 보는 것이다. 돈의 미래를 다스리기 위해서는 미래의 돈을 알 필요가 있다.

요즘에는 새로운 형태의 돈들이 생겨나기 시작했다. 새로운 형태의 돈도 사실은 우리에게 이미 익숙한 것이다. 대표적인 것이 비트코인, 메타버스 화폐, 카카오페이, 네이버페이 등이다. 돈은 교환의 매개체이자 수단이다. 비트코인으로 결제를 하는 곳이 몇 군데 있지만 교환의 역할을 하지는 않는다. 오히려 비트코인은 주식과 같은 개념이다. 비트코인 자체에 투자를 하고 가치가 오를 때 화폐로 바꾸기 때문이다. 앞으로 비트코인과 같은 가상화폐가 달러나 유로를 대체하는 시대가 올까? 지금으로서는 그런 시대를 상상하기 힘들다.

새로운 미래의 돈이 과연 투자의 대상이 될까? 워런 버핏은 비트코인에 부정적인 것으로 유명하다. 비트코인을 '쥐약의 제곱'이라고 부른다. 비트코인을 사는 것은 투자가 아니고 투기이며 고유한 가치가 없는 망상이라고 비판한다. 워런 버핏의 평생 단짝 찰스 멍거는 비트코인은 납치범이나 강탈범에게 유용하다고 이야기한다. 랜섬웨어나 인질범들이 비트코인을 요구한다는 기사를 보면 적절한 표현인 것 같기도 하다. 반면 일론 머스크는 한때 비트코인으로 테슬라를 구입할 수 있게 하겠다며 긍정적으로 말했다. 최근에는 비트코인에 대한 입장이 왔다 갔다 하지만 가상화폐 자체를 부정적으로 보고 있지는 않은 것 같다.

비트코인에 투자하는 것이 맞는지 지금은 판단할 수 없다. 전통적인 돈이 아니어서 아직 조심스럽다. 가상화폐가 현재에도 적지 않은 역할을 하고 있는 것은 분명하다. 가상화폐로 돈을 많이 벌수 있는지의 문제가 아니라 부동산이나 주식, 사업과 같은 투자의 대상이 되는지에 대한 고민이 필요하다.

비슷한 이야기로 메타버스에서 미래 화폐를 이야기한다. 메타버스라는 가상공간에서 부동산 투자를 한다는 것이다. 어스2(earth2)라는 가상현실 플랫폼에서 잠실에 위치한 땅을 살 수 있다. 네이버 자회사 제페토에서는 아바타를 꾸밀 수 있다. 제페토에서 유명 의류 브랜드의 옷을 사서 입힐 수도 있고 CU제페토한강공원 편의점도 있다.

앞으로 메타버스 시장 규모는 기하급수적으로 늘어날 것으로 예상된다. 메타버스에서 교환을 할 수 있으므로 어느 정도 돈의 역할을 하고 있다. 하지만 구체적인 실체가 없다. 단순히 이용자들의 토지나 의류를 구입하는 것일 뿐 새로운 형태의 화폐는 아니다. 이런 유형의 화폐는 이미 싸이월드의 도토리에서 나왔다. 새롭게 오픈을 기다리고 있지만 싸이월드는 이미 폐쇄되었고 도토리는 사라져버렸다.

그런데 어스2 내의 한국 토지 가격은 상승하고 있다. 제2의 비트코인이 될 수 있다는 기대감 때문이다. 메타버스의 돈도 특정 사이버 공간에서만 사용할 수 있고 그 공간이 사라진다면 돈을 회수할 수 없다는 불확실성이 있다. 하지만 메타버스 시장은 앞으로 커질 것이 분명하기 때문에 초기에 투자하는 것이 맞다고 생각하는 것이다. 이렇게 보면 메타버스도 투자의 대상이 되는지 고민스러운 대목이기도 한다.

각종 페이를 활용하는 법

이제는 실물 지폐를 주고받는 경우가 별로 없다. 핸드폰만 있으면 결제와 송금이 얼마든지 가능하다. 은행에서 종이돈을 인출하려면 이상하게 생각한다. 실제로 일정 금액 이상 인출하려면 사용처를 적어내야 할 정도다. 내 돈을 내가 가져가겠다는데 허락받아야 되나 하는 생각이 든다. 지폐를 편법 증여나 음성적으로 사용할 수 있기 때문이다. 그만큼 신용카드를 비롯한 각종 결제 수단이 많아지고 편리해졌다는 반증이기도 하다. 돈을 사용하기 편하다는 것은 소비하기 쉽다는 뜻이다.

물건을 사는 방식이나 형태도 많이 달라졌다. 인터넷으로 물건 사진을 보고 결제한 다음 배송을 받아보고 나서 사진과 큰 차이 없다면 구매를 결정한다. 예전에는 물건을 먼저 보고 돈을 지불하는 것은 마지막 단계였는데 이제는 돈을 지불하는 것이 첫 단계가 되었다. 그래서 결제 수단을 더 편리하게 만드는 것이다.

똑같은 물건이라도 카카오페이, 네이버페이, 삼성페이 등 어떤 것을 사용하느냐에 따라 할인율이 달라진다. 네이버페이를 사용하면 적립을 많이 해주고 네이버플러스에 가입해서 월정액을 내면 적립을 더 많이 해준다. 네이버플러스에 가입하면 월정액이 아깝지 않을 만큼 충분히 보상받을 수 있다. 쿠팡와우는 월정액을 내는 대신 배송비를 내지 않아도 되고 새벽배송까지 해준다. 월정액보다 더 많은 이익을 본다고 생각한다. 우리는 카카오, 네이버, 삼성페이, 쿠팡의 전략에 쉽게 당할 수밖에 없다. 이런 페이들은 자기들의 결제 수단을 많이 사용하고 쇼핑을 더 많이 하도록 만드는 것이 주요 목적이다. 우리는 월정액보다 적립을 더 많이 받기 위해 네이버페이만 쓰게 된다. 페이한테 당한다는 것은 나도 모르게 결제를 많이 한다는 의미다.

미래의 돈은 편리하고 눈에 보이지 않는다. 그리고 기대를 갖게 만든다. 무겁게 가지고 다니지 않아도 되고 잃어버릴 걱정도 없다. 편리한 것은 좋지만 유혹에 빠지지 않도록 해야 한다. 돈을 많이 벌기 위해서는 미래의 돈에 익숙하고 잘 알아야 한다. 하지만 이유 없는 투자, 과도한 소비로 귀결되면 미래의 돈의 노예가 될 수도 있다.

신뢰가 곧 신뢰할 수 있는 돈을 만든다

인성이 말한다

일할 때 힘든 부분 중 하나는 같이 일하는 사람 또는 거래처와의 관계일 것이다. 갑질이라는 말이 이제 고유명사처럼 됐다. 힘든 관계가 해결되지 않고 지속되면서 몸과 마음이 지치고 우울증에 걸리기도 한다. 돈을 벌기 위해 참는 것일 뿐 뾰족한 해결책이 없고 쉽게 바뀔 수 있는 문제가 아니다. 그런데 좋은 사람을 만나서 큰돈을 벌거나 큰 사업을 시작하는 경우도 많다. 이처럼 신뢰할 수 있는 사람을 얼마나 아느냐가 돈을 버는 데 중요하다.

반복된 친절은 신뢰와 좋은 기회를 만든다

엘리베이터를 타면 유독 친절하게 인사하는 사람들이 있다. 누구나 마음속으로는 인사하고 싶지만 괜히 쑥스러워서 또는 아는 체하기가 귀찮아서 굳이 인사를 하지 않는다. 어린아이와 함께 엘리베이터에 타면 인사를 더 잘하게 된다. 아이에게 예절이나 친절을 가르치자는 마음으로 먼저 인사를 건네기도 한다. 어린 시절 잘하던 인사가 어른이 돼서 왜 인색해졌을까?

잘 알지 못하는 사람들한테도 친절한 ㈜가토코 사장은 음식점에서 종업원에게 먼저 감사의 인사를 하는 것은 물론이고 맛있는 음식은 꼭 맛있다고 이야기한다. 음식을 만들어본 사람은 내가 만든 음식을 먹고 맛있다고 하는 것이 최고의 칭찬이라는 것을 알 것이다. 배달 앱에 좋은 후기를 남겨달라고 메모가 함께 오는데 사업에 큰 도움이 되기 때문이다. 그런 칭찬은 간혹 서비스나 커피로 되돌아온다. 서로 기분도 좋아지고 서비스도 받으니 이런 윈윈 관계가 또 있을까?

이 사장님은 길을 가다 어르신들이 무거운 짐을 들고 계단을 오르는 것을 보면 덥석 가방을 들어서 계단 위까지 옮겨준다. 그의 사업도 이와 같은 친절에서 시작되었다. 일본 출장 중에 기차에서 연세 있는 여성이 가방을 머리 위 선반에 올리지 못하는 것을 보고 주저하지 않고 가방을 올려주었다. 그리고 옆자리에 앉아 즐겁게 이야기를 나눴고, 일본 출장을 오면 꼭 연락하라며 전화번호까지 주었다고 한다. 알고 보니 그 여성은 꽤 큰 기업 회장의 사모님이었다. 동화와 같은 일이 일어난 것이다.

그렇게 인연이 이어져서 본격적으로 일본 회사의 한국 지사를 시작하게 되었다. 기차를 타고 가는 짧은 시간 동안 그의 친절함과 사람을 대하는 태도를 알아차린 것이다. 반복된 친절로 사람과의 신뢰가 쌓이고 좋은 관계가 시작될 수 있다. 준비된 사람이 기회를 잡는 것은 분명한데 그 기회도 반복된 좋은 사건들이 만들어낸다. 무심코 하는 행동과 인사가 큰 기회를 가져다주고 큰돈을 버는 밑바탕이 될 수 있다.

직접 좋은 관계를 만든다

의리 있는 돈이란 신뢰하는 사람들과 함께할 때 만들어지는 돈이다. 사람들과의 관계에서 상처를 많이 입기도 하지만 주위에 도와주는 사람이 많다면 그것보다 큰 힘은 없을 것이다. 내가 하는 일도 직원의 역할이 중요하다. 다른 직종도 비슷하겠지만 실력뿐만 아니라 친절함, 센스 등 여러 가지 방면으로 뛰어나야 하기 때문이다. 많은 거래처와 통화하고 세금 관리를 해주어야 하기 때문에 전문 지식을 겸비하고 상담도 잘해야 한다. 그래서 감정노동도 상당하다. 이렇게 직원들이 고생하고 노력하는 모습을 보면 힘이 나고, 거래처 사장님이 직원을 칭찬하면 나도 덩달아 신이 난다.

ADHD나 장애가 있는 아이들의 재활과 학습을 도와주는 짐스라는 거래처가 있다. 특수교육 방면으로 노하우가 대단해서 등록하려는 대기자가 줄을 서 있다. 아이들에게 체육활동 등의 교육을 하는데 사업 특성상 직원들의 역할이 중요하다. 짐스의 사장은 오랫동안 직원을 교육하고 관리한다. 사업 규모가 커져서 다른 지역에 새로 투자를 시작했다. 목동과 일산에서 처음 시작하여 서초동과 송파에도 새로 오픈했다. 사전조사를 해보면 수요는 충분했다.

그는 새로운 지역에 사업을 오픈할 때 오랜 직원을 직영점의 대표로 만든다. 교육적으로 전수가 잘되고 실력도 갖추었기 때문이지만 믿을 만한 사람을 새로운 지점의 대표로 두어 신뢰를 더한 것이다. 더구나 열심히 일한 직원에게 사업 기회를 주고 함께 키워나간다. 이런 신뢰는 다른 직원들에게도 영향을 미친다. 직원들도 열심히 배우고 일하면 새로 오픈하는 지점의 사장이 될 수 있다는 동기부여가 되기 때문이다.

신뢰를 리드하는 리더십이 필요하다

사장의 역할은 돈을 잘 벌어서 투자하는 것이다. 그 과정에서 신뢰를 기반으로 하는 리더십이 중요하다. 돈에 신뢰가 더해지면 사업도 잘되고 더 탄탄해질 수밖에 없다. 사람들은 대개 '돈부터 벌고 나서' 하자고 생각한다. 좋은 일도, 남을 돕는 일도, 가족과 함께 시간을 보내는 일도 돈을 벌고 나서 하자고 미룬다.

그러나 신뢰와 믿음은 돈을 벌고 쓰고 관리하는 모든 일에서 기본이 되어야 한다. 그렇게 했을 때 우리는 돈을 정말 잘 쓰고, 돈을 정말 잘 아는 사람이 될 수 있을 것이다.

현명하게 '돈돈돈'을
외쳐라

　세상의 답은 모두 돈과 관련 있다. 대부분 돈이 부족해서 문제가 되므로 알고 보면 답은 돈이었던 것이다. 이 책을 다 읽고 나서 돈에 대해 긍정적인 생각이 생겼으면 좋겠다. 돈은 많을수록 좋으니 어떻게 하면 돈을 많이 벌고 모을 수 있는지 집중하고 고민을 하는 것이다.

　'돈을 긍정적으로 바라보는 것'이 이 책의 시작이다. 돈이 많으면 불화가 생길 수 있다는 부정적인 생각, 부자들은 타고난다는 근거 없는 인식, 부자들의 돈을 공짜로 나눠 갖고 싶다는 시기 등을 고치는 것이 첫 번째이다. 돈이 많으면 물질적으로 주위 사람들과 나눌 것들도 많고 여유와 시간도 많아진다. 우리는 이미 그런 사실들을 알고 있다. 다만 돈을 많이 벌 자신이 없다거나 어떻게 돈을 많이 벌고 모을지 잘 모를 뿐이다. 예전과 같이 돈에 대해 부정적으로 생각한다면 성공의 첫발을 내디딜 수 없다.

　그다음은 '돈에 집중하는 것'이다. 동기부여와 열정을 가지고 돈을 버는 데 집중해야 한다. 하물며 건강을 지키는 것도 즐거운 여가 생활을 하는 것도 알고 보면 돈을 벌기 위한 준비이고 과정이다. 돈을 아끼기도 해야 하지만 잘 써야 한다는 것도 알아야 한다. 이 책을 통해 돈에 대해 놓치고 있었던 것들을 알아가는 계기가 됐으면 좋겠다.

'돈돈돈' 하는 사람이 되어도 좋다. 아니 그런 사람이 되어야 한다. 다만 주위 사람들 모르게 그리고 불편하지 않게 현명한 방법으로 '돈돈돈' 하는 사람이 된다면 어느새 부자가 돼 있을 것이다.

책을 다 쓰고 나니 책에 담고 싶은 사례들이 더 많이 떠올랐다. 앞으로 더 성장해서 좋은 책을 쓸 수 있는 계기를 만들어야겠다. 책을 쓸 수 있는 바탕이 된 거래처 사장님들과 주위 모든 지인들에게 감사의 인사를 드리고 싶다. 아빠가 책을 쓴다고 옆에서 같이 책을 쓰고 있는 사랑하는 아들 기범에게도 고맙다고 전하고 싶다.

마지막으로 돈에 대한 올바른 생각을 심어주시고 아들이 책을 출간한다고 하늘에서 무척 기뻐하고 계실 아버지께 이 책을 헌정한다.

정신과 의사가
생각하는 돈

정신과 전문의, 의학박사　이광민

인생에서 돈은 중요하다. 삶을 살아가기 위해서는 의식주가 기본인데 이 모든 것을 얻으려면 돈이 있어야 하기 때문이다. 당연히 돈이 없으면 우리 삶은 피폐해질 수밖에 없다. 삶의 질이 떨어지면 정신적인 건강도 위험해진다. 그러니 돈은 우리의 정신건강을 위해서도 필요한 셈이다. 실제로 돈 때문에 힘들어 정신과 진료를 찾아오는 경우가 많다. 그런데 아이러니한 것은 정말 삶이 어려울 정도로 돈이 없는 경우에는 정신과에 잘 오지 않는다는 것이다. 실제로 경제적으로 낙후된 지역일수록 정신과 의원은 오히려 적다. 대도시에 정신과가 밀집해 있다는 것은 돈이 모이는 지역에 오히려 정신과 진료에 대한 수요도 높다는 말이다. 생각해보니 우리나라가 경제적으로 어려웠던 시기에는 우울증이라는 말도 별로 나오지 않았다. 삶이 어려울 때는 당장 눈앞에 닥친 문제에 치열하게 뛰어들기 때문에 마음의 우울함을 챙길 겨를이 없다. 우울증도 우리가 어느 정도 먹고살 만할 때 고민하게 된다.

돈으로 인한 우울함이란 결국 주관적인 경제적 빈곤에서 나온다. 즉, 실질적인 가치가 아니라 주관적인 가치에서 발생한다. 이때는 내가 정말 돈이 있고 없고가 아니라 내 옆에 있는 사람과 비교했을 때 돈이 많으냐 적으냐가 관건이다. 자산은 비슷해도 가까운 이가 쉽게 돈을 벌었다고 하면 갑자기 우울해진다. 상위 1% 자산가의 삶이 행복으로 가득할 것 같지만 실상은 그렇지 않다. 그 집단 안에서 자신보다 돈이 더 많은 사람과 비교하기 때문이다. 경제적 어려움으로 극단적인 선택을 하는 사람들이 실제로는 가진 재산이 많은 경우를 흔히 본다. 그러다 보니 돈으로 인해 진료실을 찾아오는 사람들은 자기 탓을 하기보다 남 탓, 세상 탓을 하는 경우가 많다. 자기 탓을 하더라도 한순간의 선택을 후회하거나 다른 사람처럼 쫓아가지 않았던 것을 후회한다. 내가 살아온 삶의 가치나 노력은 바라보지 않으려 한다.

물론 실질적인 경제적 어려움이 우울증으로 연결되기도 있다. 특히 노년층에서 이런 특징은 두드러진다. 우리나라는 OECD 국가 중 자살률 1위라는 오명을 가지고 있고, 자살 위험은 노인 연령에서 압도적으로 높다. 우리나라 자살률은 10만 명당 25명가량이지만 65세 이상 노인은 10만 명당 45명을 넘어선다. 이는 70대, 80대로 연령이 높아질수록 급격히 늘어난다. (spckorea-stat.or.kr) 노년층에서 자살의 주된 이유는 경제적 어려움이다.

경제적 어려움이 커질수록 자살 생각이 높아진다는 것은 국내의 최근 연구에서도 확인된 바 있다. (안호균, "고령男, 경제적 어려움 2년 겪으면 '자살 생각' 4.2배↑", 〈뉴시스〉, 2021. 8. 24.) 최근 1년간 전·월세 미납 또는 강제 퇴거, 공과금 미납, 겨울철 난방 사용 못 함, 건강보험 미납 또는 보험급여

자격 상실, 가구원 중 신용불량자 존재, 의료 서비스 이용 어려움, 균형 잡힌 식사의 어려움 등 실질적인 경제적 어려움이 있는 경우 자살에 대한 생각이 높았으며 이런 경향은 노인층에서 더욱 높았다. 노인은 나의 존재가 사회나 자녀에게 부담이 된다고 느끼는 순간 죽음을 생각한다. 그렇기에 노인에 대한 경제적 복지를 지원하면서 우리나라 노인 자살률이 지속적으로 떨어지고 있다. 물론 여전히 높은 수준이기는 하지만 말이다.

실질적인 빈곤은 아니더라도 경제적 어려움은 정신건강에 악영향을 준다. 인간은 사회적 동물이기 때문에 다른 사람과의 관계에서 안정감과 불안감을 동시에 느낀다. 내가 속한 집단 내에서 경쟁을 통해 더 노력하고 나은 성과를 얻어야 안전하다고 느낀다. 치열한 사회일수록 이런 경향은 뚜렷해지는데 지금 우리가 사는 대한민국은 특히 그러하다. 씁쓸하지만 노력의 성과를 가장 쉽게 알 수 있는 지표가 돈이다. 그렇기에 돈이 없어서 (정확히는 상대적으로 적어서) 정신적으로 고통스럽다는 것은 틀린 이야기가 아니다.

밤에 잠이 오지 않고 생각이 복잡해지고 기분이 우울하고 마음이 불안하고 식욕이 떨어지고 만사 의욕이 없어진다. 성공에 대한 집착이 강하면 강할수록 상대적으로 돈이 없을 때 받는 정신적 고통 또한 커진다. 원하는 직장을 얻지 못하고, 사업이 생각만큼 성장하지 않고, 내가 산 주식이 오르지 않고, 집을 살 타이밍을 놓치고, 받기로 한 돈을 주지 않는 등 다양한 이유로 우리 마음은 병들어 간다. 돈 욕심이 있으면 사돈에 팔촌이 땅을 사도 배가 아프다.

그런데 요즘 들어 과거와 달리 정신과 의사의 관점에서 우려되는 돈에 대한 인식의 변화가 있다. 어느 순간부터 우리는 내가 경제적으로 가난한 이유를 내가 선택을 잘못해서라고 생각하게 되었다. 예전에는 우리 집에 돈이 없어서, 내가 좋은 대학을 나오지 못해서, 내가 대기업에 취직하지 못해서 등 상황에 대한 이유가 많았다. 그런데 요즘은 내가 이때 집을 사지 않아서, 이 주식 종목을 사지 않아서, 이때 가상화폐에 투자하지 않아서 등 순간적인 선택의 잘못에서 이유를 찾는다. 이것은 꾸준한 노력의 결과가 아니라 이 시기에 영혼까지 빚을 끌어내서라도 돈을 투자하지 못한 탓이다. 반대로 이 시기의 운을 탄 사람은 적은 노력으로 큰돈을 벌었다고 생각한다. 그렇기에 어느 순간 내가 돈이 없는 것은 나의 노력이 부족해서가 아니라 선택의 운이 없어서가 되어버렸다. 돈에 대한 인식이 이렇게 되면 우리가 하루하루 쌓아 올려 얻는 노력의 성과를 가볍게 보기 쉽다. 쉽게 큰돈을 벌어들이는 사람들을 동경하게 되면 나의 일상적인 일의 의미는 낮아 보이고 상대적인 박탈감만 커져 정신적으로 무너진다.

돈으로 인한 정신적인 어려움을 극복하고자 한다면 돈에 대해 세 가지를 돌아보아야 한다.

첫 번째는 돈을 도박으로 바라보고 있는지다. 도박은 실력이 아니라 운에 기반을 둔다. 물론 도박도 실력이라고 말하는 사람이 있을지 모르겠지만 도박은 기본적으로 운에 바탕을 두고 실력은 전체의 10%도 되지 않는다. 실질적으로는 더 낮다고 봐야 한다. 도박에 빠져드는 함정은 선택의 착각에서 온다. 내가 이 도박에 실패한 건 A가 아니라 B를 선택하는 실수 때문이라고 왜곡해서 판단한다. 그러니 그때 A를 선택했다면 성공했을 거라고 착각하지만 실상은 50:50의 운일 따름이다. 이건 실수가 아니라 그냥 확률이다. 만약 당신이 돈을 벌지 못한 이유가 선택의 실수 때문이라고 생각한다면 당신은 돈을 도박으로 바라보고 있는 거다.

두 번째는 내가 돈을 버는 데 있어서 적절한 대가를 치렀는지를 봐야 한다. 세상에 공짜는 없다. 내가 큰돈을 벌기 위해서는 나 역시 무언가 그에 상응하는 희생을 해야 한다. 시간이든, 현물이든, 육체적 노력이든, 정신적 노력이든 돈을 얻기 위해서는 무언가 값을 치러야 한다. 돈 역시 에너지처럼 보존의 법칙이 있다. 내가 상응하는 대가 없이 쉽게 돈을 벌었다는 것은 누군가의 돈을 쉽게 가져왔다는 것이다. 법적으로 문제되지 않을 뿐 이 역시 속임수이다. "억울하면 당신도 그렇게 하면 되지" 하고 그렇지 않은 사람을 바보 취급하는 것은 사기꾼의 언행이나 다름없다.

세 번째는 돈을 순간으로 보고 있느냐 지속적인 흐름으로 보고 있느냐이다. 어느 순간 우리는 모두 일확천금을 좇는 골드러시를 하고 있다. 마치 미국 서부 개척시대에 금이 난다는 이야기를 듣고 몰려가는 사람들처럼 말이다. 그 결과 서부시대가 약탈이 난무하는 무법천지가 되어버렸다는 것을 우리는 이미 알고 있다. 내가 하는 경제활동은 지금, 이 순간이 아니라 과거부터 현재를 거쳐 미래까지 지속하는 활동이어야 한다. 미래의 내가 보이지 않아 지금 큰돈을 벌어두어야겠다고 생각하고 있다면 나는 삶을 건 위험천만한 돈의 도박을 하는 셈이다.

돈벌이를 밥벌이라고도 한다. 돈은 곧 밥이다. 밥은 하루하루 끼니에 맞춰 먹어야 탈이 나지 않는다. 내일의 밥을 지금 한꺼번에 먹는다고 해서 내일 배가 고프지 않은 것도 아니다. 그런데 어느 순간 우리는 밥벌이를 무시하기 시작한 건 아닐까? 하루 벌어 하루 살아간다는 걸 마치 무식한 사람들이나 하는 일로 착각하고 있는 건 아닐까? 물론 노후를 대비하고 저축을 하는 것도 필요하다. 다만 노후 대비는 내가 돈에 끌려가지 않으면서 내 삶을 즐기기 위함이다. 내가 돈에 끌려가면서 집착하며 살아가는 것을 저축이라고 착각하면 안 된다. 워라밸(work life balance)은 일과 삶의 균형이기도 하지만 돈과 삶의 균형이기도 하다.

의사들 사이에서 농담처럼 하는 이야기가 있다. "저 선배는 돈이 많아서 취미로 의사를 한다네." 솔직히 엄청 부러운 말이다. 우선 그 정도로 돈이 많은 것에 부럽고, 그렇게 돈이 많음에도 자기 일을 취미처럼 할 수 있다는 것에 말이다. 우리에게 일이 단순한 돈벌이가 아니라 취미가 될 수 있다면 얼마나 좋을까. 내 삶에서 일이 고된 노동이 아니라 나를 더 나답게 만들어주는 삶의 의미가 될 수 있다면 말이다. 어쩌면 그 선배는 돈이 많아서가 아니라 그런 마음가짐을 가질 수 있었기에 일을 취미로 할 수 있는 게 아닐까하는 생각도 든다. 내가 지금 하는 일을 소중하게 여길 수 있는 가상화폐나 주식으로 떼돈을 번 것보다 더 부자이다. 평생에 걸쳐 즐거움과 돈을 함께 얻을 수 있을 테니 말이다.

북큐레이션 • 경제적 자유를 누리고 싶은 이들을 위한 책

《돈 교과서》와 함께 읽으면 좋은 책. 부자의 마인드로 돈과 시간의 자유를 누리고자 준비하는 사람이 미래의 주인공이 됩니다.

부자가 되는
포트폴리오 공개

부자 교과서

김윤교 지음 | 19,000원

**부자들의 투자 방식만 알면
나도 부자가 될 수 있다!**

이 책은 저자가 많은 부자를 만나오면서 그들이 가지고 있는 공통점들을 담았다. 이들이 어떻게 현명하게 돈을 관리하고, 투자할 때 어떤 방식을 사용하는지 노하우를 공개한다. 또한 지수, 달러, 채권을 이용한 분산투자와 장기투자 방법을 알려주고, 부자들이 사용하는 투자 포트폴리오를 공개하면서 일반인에게도 적용할 수 있도록 한다. 마지막으로 주식, 부동산, 펀드, 대체투자 등 다양한 투자처를 비교 분석해 담았다. 부자들의 확실한 투자 방법을 알고 싶다면 이 책을 정독하길 바란다.

인플레이션과
리스크에
대비하기

어른들을 위한 돈 과외

안성민 지음 | 18,000원

**매일 카드 결제 문자가 날라오지만
돈 관리는 못하고 있다면?**

매달 통장은 비어 있다고 소리치는데 과연 평생 돈 걱정 없이 살아갈 수 있을까? 저자는 재테크의 목적이 자산 증식 자체가 아니라, '이번 달 들어온 돈으로 다음 달에 쓰기'를 평생 실천하면서 '마음 편하게' 사는 것임을 강조한다. 대체 그것이 어떻게 가능하냐고? 이 책과 함께라면 가능하다! 줄줄 새는 내 통장을 가지고 자산 관리 마스터에게 과외를 받는다면 돈의 주인공으로 살아갈 수 있게 될 것이다! 이제 막 취업해 돈을 어떻게 관리해야 하는지 모르겠다면, 매일 카드값에 허덕이고 있다면 꼭 읽어보길 바란다.

통장을 채우는
부자들의
인생 스킬

10배 버는 힘

박서윤 지음 | 14,500원

**돈을 '벌 사람'과 '벌 수 없는 사람'은
분명한 차이가 있다!**

부자가 되고 싶지만 정작 그 방법을 아는 사람은 얼마나 될까? 부자들은
어떻게 생각하고 행동하기에 돈의 주인으로 살아갈 수 있는 것일까? 이 책
은 수억 원의 빚과 함께 절망적인 상황에 서 있던 저자가 3,000권의 책을
읽으며 부자들이 가지고 있는 공통점들을 찾아내 한 권의 내용으로 정리
한 책이다. 자신의 내면에 돈의 주인처럼 생각하고 행동하게 만드는 부자
DNA을 심어 10배가 넘는 수익을 창출한 저자는, 누구나 후천적으로 부자
가 될 수 있다고 강조하고 있다.

슈퍼개미로
성장하는
가장 쉬운
주식 가이드

48일 완성 주린이 탈출기

이권복 지음 | 17,000원

**매운맛 주식투자를 처음 시작하는
주린이를 위한 주식 입문서**

이 책은 주식의 'ㅈ' 자로 모르는 주식 왕초보들이 주식투자를 알기 쉽게
공부할 수 있도록 매일 하루에 한 챕터씩 보도록 만들었다. 따라하기만 하
면 무슨 말인지 모르는 주식 용어부터 좋은 종목 찾는 방법까지 머리에 쏙
쏙 들어올 수 있다. 또한 '네이버 증권'을 이용해 현 산업의 흐름이 어떤지
파악하는 방법과 어느 주식에 투자해야 하는지 쉽게 살펴보는 방법을 알
려준다. 주식투자가 처음이라면 괜히 다른 사람들의 이야기만 믿고 따라
하다 초심자의 운이 끝나서 투자에 실패하기 쉽다. 이 책으로 차근차근 공
부해 수익률 70%를 달성해보자!